発達障害・
気になる子どもを
上手に育てる17章

親が変われば、子どもが変わる

●編著　　　水野智美・徳田克己

福村出版

|JCOPY| 〈(社)出版者著作権管理機構 委託出版物〉
本書の無断複写は著作権法上での例外を除き禁じられています。複写される場合は、そのつど事前に、(社)出版者著作権管理機構(電話 03-3513-6969、FAX 03-3513-6979、e-mail: info@jcopy.or.jp)の許諾を得てください。

● はじめに ●

　私たちは日頃，発達相談や育児相談，教育相談の仕事をしています。日々の仕事をとおして，はっきりと言えることは，「保護者が変われば，子どもが変わる」ということです。「うちの子は何度注意しても同じ失敗を繰り返す」「言うことをまったく聞かない」などの悩みをかかえている保護者は数多くいます。そんな保護者が私たちと話した後，保護者が勉強し，子どもの特性に合った対応に変えることで，子どもが見違えるように変化したケースを数多くみてきました。

　わが子を「気になる子ども」「発達障害の傾向がある子ども」と指摘されたら，保護者はショックを受け，それを受け入れるのに相当の覚悟が必要であることはよくわかります。しかし，保護者が子どもの状態を受け入れず，「ほかの子どもの何倍も練習をすれば，追いつくはずだ」などと考えて無理に教え込もうとした結果，子どもは何もかもやりたくなくなり，今までできていたことすら，やらなくなってしまう状況をよくみかけます。また，保護者が「そのうちよくなるはず」と思い込み，子どもに何の手立てもしなければ，子どもは家庭でも，幼稚園や保育所でも，よくわからない状態で過ごさなくてはならず，つらい状況に追いやられてしまうことになります。

　このような子どもにとって，もっともよくないのは"二次障害"を負うことです。二次障害とは，「どうせ，努力したってできない」などと考えて，最初からあきらめてがんばろうとしなかったり，ひねくれてしまったりするなど，発達障害の特性とは関係ない，心のゆがみが生じることです。発達障害の傾向があろうとも，保護者や保育者，教師が適切な対応をしていけば，どんどん伸びていき，大人になった時点で，その傾向は目立たなくなってきます。しかし，二次障害になると，子どもはそこから伸びていけないばかりか，心の問題をかかえることになるのです。

　それを防ぐためには，保護者が勉強して，子どもの特性に合った対応をしなくてはならないのです。そうすれば，子どもは確実に伸びていきます。

　私たちは，発達障害の傾向のある子どもたちに二次障害を負わせることなく，最大限に発達させたいと願って，また保護者が「この本を読めば，具体的に子

どもにどう対応すればよいのかがわかる」と感じていただきたいと思い，本書を執筆しました。世のなかには，たくさんの発達障害の傾向のある人たちがいます。それらの人のなかで，社会で活躍している人は数多くいます。そのほとんどは，保護者が適切に対応して育てたケースです。保護者の皆さんが本書を読んで，子どものために対応を考えていただくきっかけになれば幸いです。

　最後になりましたが，本書の企画の段階から相談にのってくださり，丁寧に対応してくださった福村出版の保科慎太郎さん，フリーランスの編集者の天野里美さんに心よりお礼を申し上げます。

2014 年 2 月
編者
水野智美
徳田克己

● もくじ ●

はじめに（3）

第1部　わが子の行動が気になったとき，「気になる」と言われたときの心構え

1章　専門家から気になる子どもをもつ保護者に伝えたいこと‥10
1　「うちの子，ちょっとヘンかな？」と感じたときが，
　　子どもを伸ばすスタート地点（10）
2　医師の診断，保育者の心配（11）
3　保護者の気づき（12）

2章　発達障害とは‥‥‥‥‥‥‥‥‥‥‥‥‥‥‥‥‥‥‥14
1　自閉症（14）
2　アスペルガー障害（17）
3　ADHD（20）
4　知的障害（22）

3章　発達障害があっても世界で活躍する人はたくさんいる‥‥24

4章　幼稚園・保育所の先生から「子どもの様子が気になる」と言われたときにどうすればよいのか‥‥‥‥‥‥‥‥‥26
1　素直な気持ちで保育者のことばを聞く（26）
2　これまでの園の取り組みをたずねる（26）
3　保育者から今後の見通しを聞く（26）
4　保育者から得た情報と日頃の子どもの様子から
　　次にどうするかを考える（27）
5　念のために医師の診断を受けよう（27）
6　専門機関の情報を保育者に伝えよう（28）

5章　子どもが二次障害を起こさないために‥‥‥‥‥‥‥‥30

6章　わが子の障害を受容する保護者の心理的な変化‥‥‥‥32

第2部　わが子の行動が気になったらすべきこと

7章　医療機関の受診の仕方・・・・・・・・・・・・36
 1　どの医療機関を受診すればよいのか（36）
 2　子どもの発達を専門に診察できる医療機関に受診しましょう（37）
 3　受診までの手続きと準備（37）
 4　診察の流れ（39）

8章　療育機関をどのように利用したらよいか・・・・・・42
 1　乳幼児健康診査（健診）で相談してみましょう（42）
 2　信頼のおける相談先を見つけましょう（42）

9章　専門機関に通うことを保育者にどう伝えるか・・・・46
 1　保育者と面談をして子どもの情報を共有する（47）
 2　医療機関や療育機関からの情報を保育者と共有する（49）

**10章　医療機関や療育機関と園が
どのように連携したらよいか**・・・・・・・・・・・52
 1　医療機関や療育機関に通っていることを園に伝えたほうがよいのか（52）
 2　どうやって連携をとったらよいか（52）

11章　夫婦でわが子の障害を受けとめるためにどうしたらよいか・55

**12章　祖父母やきょうだいに
わが子の発達障害をどのように伝えるか**・・・・・57
 1　発達障害がある子どもの祖父母（57）
 2　発達障害がある子どものきょうだい（58）

13章　子どものクラスメートやその保護者とどうつきあうか・・・60
 1　クラスメートとのつきあい方（60）
 2　クラスメートの保護者とのつきあい方（61）

14章　子どもの就学先をどう選ぶか・・・・・・・・・62
 1　幼稚園や保育所との相談（62）
 2　就学先の種類（63）
 3　就学の流れ（64）

第3部　子どもの問題への対応方法

15章　発達障害のある子どもにかかわる際の大原則・・・・・・68
 1　子どもの特性を知る（68）
 2　指示の仕方，話の伝え方を工夫する（69）
 3　子どもがストレスを感じない環境を整える（70）
 4　やってよいことと悪いことをはっきりさせる（71）

16章　発達障害のある子どもが日常生活に問題をかかえる理由と支援のコツ・・・・・・73
 1　日常生活の動作の方法や順番を理解できない（73）
 2　聴覚や触覚などの感覚に異常がある（74）
 3　考える前に行動してしまう（76）
 4　複数の動作を同時に行うことが苦手である（77）
 5　変化が苦手である（78）
 6　活動の途中で集中力が切れてしまう（80）

17章　子どもの困った行動にどう対応したらよいか・・・・・・82
 1　身支度（着替え）が進まない（82）
 2　偏食が激しい（86）
 3　排泄が自立しない（90）
 4　食事の途中で立ち歩く（94）
 5　話（指示）を聞けない（98）
 6　自分勝手に話す（102）
 7　うそをつく（106）
 8　同じ絵本ばかりを読んでいる（新しい絵本を好まない）（110）
 9　水遊びをやめられない（114）
 10　危険なことをする（高いところにのぼってしまう）（118）
 11　手先が不器用（122）
 12　運動が苦手（126）
 13　じっとしていられない（130）
 14　迷子になる（134）
 15　パニックを起こす（138）
 16　嫌なことがあると手をあげる（142）
 17　動物を大切にできない（146）
 18　手をひらひらさせたり，くるくる回る（150）

カバー・本文イラスト／林　幸

第1部

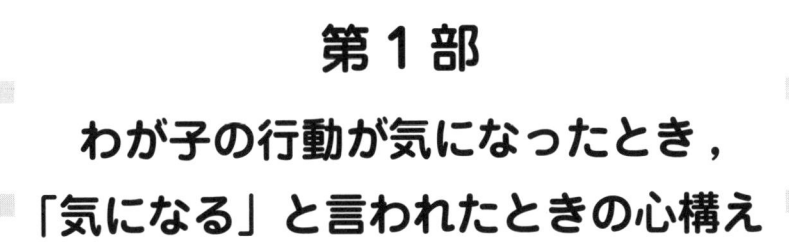

わが子の行動が気になったとき，「気になる」と言われたときの心構え

第1部　わが子の行動が気になったとき,「気になる」と言われたときの心構え

1章　専門家から気になる子どもをもつ保護者に伝えたいこと

1 「うちの子,ちょっとヘンかな?」と感じたときが,子どもを伸ばすスタート地点

　保護者を対象にした相談会では,「うちの子,ちょっとヘンなんですが……」「ほかのきょうだいと少し違うのでとまどっています」「とても育てにくいので心配です」などの訴えがよくあります。詳しく話を聞いてみると,発達障害の傾向がある子どもであるケースが多いのです。

　結論から言うと,「うちの子はちょっとヘンかな」と思ったときが子どもを伸ばすスタート地点なのです。発達障害のある子どもやその傾向のある子どもを叱り続けても,決して状態がよくなることはありません。

　しかし,実際には保護者はとにかく叱ります。「どうして親の言うことを聞けないのか」「さっき言ったことをやりなさい」「わざと知らないふりをしてはいけません」などです。大人から叱られすぎて,状態がますます悪くなったり,性格がゆがんだりしている子どもと出会うことがありますが,本当にかわいそうで仕方がありません。大人がつくった子どもの状態なのですから。

　発達障害のある子どもやその傾向がある子どもに対して,医療ができることはそれほど多くはありません。そのような子どもたちに対しては,育児や保育,教育によって,そのときの問題行動をなくしたり,状態をよくしたりしていきます。このことが,この子どもたちの発達の基本なのです。

2　医師の診断，保育者の心配

　医師の診断は一定の診断基準に従って行われます。発達障害の傾向がある子どもであっても，一定の基準に合わなければ，「自閉症ではない」「ADHDではない」と診断されることがほとんどです。医師からそう言われれば，ほとんどの保護者は「うちの子どもは発達障害じゃないんだ。よかった」と喜びます。

　しかし，「発達障害ではない」という医師の診断があっても，それで子どもの問題が解決したわけではありません。医学的な診断がされていなくても，その傾向がある子どもたちには，その子どもに合った育児のコツ，保育のコツ，教育のコツが必要です。それを考慮した接し方をしなければ，やはり問題行動を示したり，発達がゆがんだりするのです。

　医学的に発達障害があると診断されなくても，その傾向がある子どもは多くいます。それは，集団生活になじめなかったり，場を読めなかったり，友だちに手が出てしまったり，というように幼稚園や保育所，学校において目立つ行動として現れることが多いのです。

　診察室のなかにいる医師は，子どもの集団行動の様子を把握できていないことがあります。じつは，それらの問題行動にまず気がつくのは保育者です。つまり，極論すれば「保育者の見方がもっとも子どもの実態に近い」といえるのです。

第1部 わが子の行動が気になったとき,「気になる」と言われたときの心構え

3 保護者の気づき

　発達障害のある子どもやその傾向のある子どもの多くは,集団行動の場を苦手に感じ,そこで問題行動を示したり,その場にいられなくてフラフラしてしまうことがあります。保育者や教師の指示を受けていっせいに行動しなければならない場面の多い幼稚園や保育所,学校は苦手な場所なのです。しかし,家庭のなかでは1対1のコミュニケーションが中心であり,発達障害のある子どもやその傾向のある子どもが不都合を感じる場面は案外と少ないものです。家のなかでは,並んで順番を待つ場面はないですし,場を読まない発言も家族のなかでは許されます。そういうことから,保護者はその子どものもっとも問題となっている点に気づいていないことがあります。

　しかし,幼稚園や保育所で保育の場面を見たり,運動会や発表会の様子を見て,指示に従っていないわが子の姿を知り,「うちの子,ちょっとヘンかな?」と感じることになります。そのように保護者が感じている段階では,保育者はそれ以上に子どもの問題を心配していることがほとんどです。

　保育者は,園での子どもの様子を保護者に伝えてよいものかどうかをつねに考えています。子どものためには,子どもの気になる部分を保護者に伝えて,保育者と保護者が一緒に協力していくのがベストであることはわかっています。しかし,もし保護者に伝えることによって,保護者が強く否定したり,怒り出したりしたらどうしようか,また逆に落ち込んでしまったり,「園をやめる」と言ってきたらどうしようか,さらに「保育がきちんとしていないからうちの子はそういう状態になっているんだ」と責められたらどうしようかなどと考え,保護者に園の子どもの姿を伝えられないでいることが多いのです。

1章　専門家から気になる子どもをもつ保護者に伝えたいこと

「うちの子，ちょっとヘンかな？」と思ったら，保護者はまず担任の保育者に日頃の様子を穏やかにたずねてください。保育者がもっとも子どもの状態をわかっています。保育者は子どもを何とかよくしようとつねに考えていますので，子どもをよい状態にしたいという保護者の気持ちは必ず通じます。同じ視点で，さらに子どもの状態をよくすることを，本気で一緒に考えてくれます。つまり，保護者が保育者に相談することが子どもを伸ばしていく大きな方法なのです。

発達障害児やその傾向のある子どもの"困り感"（今，何をしたらよいのかがわからない，次に何をするのかがわからない，とにかく不安だ，逃げ出したい，などという気持ち）をなくし，保育の効果を最大限に引き出すため，つまり，その子どもを十分に発達させていくためには，家庭と園が同じ方法によってその子どもに対応しなければならないのです。そのためには，保護者と保育者はつねに同じ視点で子どもを見て，連絡を十分に取り合っておく必要があります。

これなくして，発達障害の傾向のある子どもの最大限の成長や発達はないと断言できます。

2章　発達障害とは

1　自閉症

　病院や保健センター，幼稚園，保育所などでは「自閉症」ということば以外に，「自閉症の疑い」「自閉的傾向」「自閉症スペクトラム」「広汎性発達障害」などのさまざまなことばを使います。医師によっては，自閉症と同じ意味で使用している場合がありますが，自閉症の特徴があっても，自閉症の診断基準に満たないときに，これらのことばを使うことが多いようです。なお，広汎性発達障害とは自閉症とアスペルガー障害を含めたことばです。

　人とコミュニケーションをとるためには，言語能力や人の気持ちを察する力が必要ですが，自閉症の子どもたちはこれらのことが苦手です。自閉症の子どもの特徴として，次のことがあげられます。

a　ことばの発達が遅れている

　自閉症の子どものなかには3歳を過ぎても自分から意味のあることば（ワンワン，ママなど）を話さない子どもがいます。また，ことばを話していても，テレビのコマーシャルのフレーズは真似するのに，母親にママと呼びかけることをしないというようなことがあります。大人が言ったことばをそのまま繰り返す，いわゆる「オウム返し」をする子どもがいます。

b 人とかかわることが苦手である

自閉症の子どもには周囲の子どもと遊ばない，自分からかかわろうとしない，まわりのことに関心を向けずに1人で遊ぶなどの傾向がみられます。また，なかなか視線が合わない子どもがいます。

c こだわりが強い，パニックを起こす

自閉症の子どもたちはいつも同じ状態に安心感を覚えます。そのため，さまざまな物事にこだわります。たとえば，ある特定の色に執着する子どもは，その色の積み木ばかりを集めて遊びます。予定通りに物事が進むことに執着する子どもは，夕食の時間は午後6時と決めていて，その時間に食べられないと泣いたり怒ったりします。

また，自閉症の子どもたちは，次に何をするのかについての見通しがつかないことや，予想していたことと違うことが起こることがとても苦手です。しかし，日常生活のなかで予定が変わることはよくあります。たとえば，買い物から帰るのが遅くなったので夕食の時間がいつもより遅くなる，保育所に行くときにいつも通る道が工事中なので道を変える，といったことです。このような変化があると，パニックを起こしてしまう子どもがいます。パニックというのは激しく泣いたり暴れたりする行動です。いったん始まるとなかなか収まりません。不安が高まると，どうしたらよいのかがわからず，結果としてパニックになってしまうのです。

第1部　わが子の行動が気になったとき，「気になる」と言われたときの心構え

d　常同行動がある

その場でくるくるまわったり，手をひらひらと目の前で動かすなどの動きをするといった，常同行動をする子どもがいます。この行動は，不安なときや次に何をするのかがわからないときによく起こります。うれしさを表現するときに，ぴょんぴょんと飛び跳ねる子どももいます。

e　感覚異常がある

自閉症の子どもたちの感覚は，ほかの子どもたちと大きく異なります。感覚には，視覚，聴覚，触覚，嗅覚，味覚がありますが，そのうちのどれかが敏感だったり，鈍感だったりします。聴覚が敏感なために，スーパーのなかのざわざわした音や音楽を不快に感じ，店内に入ったら耳をふさいだり，店から出ようとする子どもがいます。触覚が敏感なために，ほかの人からふれられたり，手をつなぐことを嫌がる子どもや，味覚が過敏であるために偏食がある子どもがいます。

2 アスペルガー障害

自閉症の特徴があるけれども，知的な発達やことばの発達に遅れがないという場合を「アスペルガー障害」といいます。アスペルガー障害と同じ意味で，「高機能自閉症」「アスペルガー症候群」といったことばが使われることがあります。アスペルガー障害の子どもには，次のような特徴がみられます。

a 人の気持ちを想像することが苦手である

アスペルガー障害の子どもは，自分の発言や態度を，ほかの人が聞いたり見たりしたらどう思うかを想像することが苦手です。また，人の表情を認識することも苦手です。そのため，保護者が怒った顔をしていても，怒っていることにまったく気づきません。走るのが遅いことを気にしている子どもに対して，「○○くんが一番遅かったね」と言うなど，ほかの子どもを傷つけてしまう発言をすることがあります。

b こだわりが強い

アスペルガー障害の子どもは，ある特定の物事に対して，強い興味や関心を示すことがあります。たとえば，電車が好きな子どもは，鉄道博士とよばれるほど電車のことに詳しく，車両の名前や型を覚えています。英語や漢字に興味を示し，幼児の頃から英語や漢字を読む子どももいます。その一方で，自分の関心のないことには見向きもしないというように，興味や関心の幅が狭いことも特徴です。

第1部　わが子の行動が気になったとき,「気になる」と言われたときの心構え

　また,アスペルガー障害の子どもは,自閉症の子どもと同じように変化が苦手です。そのため,予定が変わったり,自分の思うとおりに物事が進まないと不安になってしまいます。「お弁当の時間はいつもAちゃんの隣の席に座る」というように,自分のなかでルールを決めていて,ほかの子どもがAちゃんの隣に座っていても,「私はお弁当のときは絶対,Aちゃんの隣の席に座る!」というように自分の決めたルールを周囲にかまわず押しつけようとして友だちを怒らせてしまうことがあります。

c　一方的に話をする

　アスペルガー障害の子どものなかには,人に話しかけることが好きで,一見すると人とかかわることが得意なようにみえる子どもがいます。しかし,よくみていると相手と話がかみ合っていなかったり,一方的に好きなことを話している場合があります。これは,興味や関心の幅が狭いこと,人の気持ちを想像することが苦手であることが原因です。聞き手がその話に興味があるかどうかには関係なく,自分の好きなことを話してしまうのです。

d ことばを文字どおりにとらえてしまう

　アスペルガー障害の子どもは，ことばを文字どおりの意味に受けとり，暗に意味していることやことばの裏に隠れている意味を察することが苦手です。

　たとえば，工作をしている子どもに対して，「頭を使いなさい」と母親が言うと，アスペルガー障害の子どもは母親のことばの意味を理解せず，頭でつくっている物を押さえようとします。

3 ADHD

「ADHD」は日本語訳では,「注意欠陥多動症候群」「注意欠陥多動（性）障害」などといいます。ADHDには「気が散りやすく,集中力が持続しない」（不注意),「落ち着きがなく,つねに動き回っている」（多動性),「頭ではやってはいけないことがわかるが,つい衝動的に行動してしまう」（衝動性）などの特性があります。原因は,保護者の育て方のせいでも,本人の努力不足でもありません。現在は,脳の一部がうまく働かないことが原因であると考えられています。

ADHDのある子どもは,不注意,多動性,衝動性のそれぞれがどの程度強く現れるかによって,その行動特徴が異なります。

不注意が目立つ子どもは,ボーッとしていて名前を呼ばれても気づかずにいる,着替えや片づけ,食事などをする手が途中で止まってしまう,話を聞いていてもすぐに上の空になってしまう,忘れ物や失くし物をよくするなどの特徴がみられます。

多動性が目立つ子どもは,自分の好きなことには集中して長時間取り組むことができますが,それ以外のことは途中で投げ出して別のことを始める様子が頻繁にみられます。また,遊びがコロコロ変わったり,外に出れば動き回ってすぐに保護者の目の届かないところに行ってしまったりします。さらに,1カ所にじっとしていることが苦手で,いすに座っているときにも身体や手足の一部を動かし,落ち着かない様子でいることがあります。

衝動性が目立つ子どもは,ほかの子どもを突然押したりたたいたり,ほかの人が話しているときにもかまわず自分の思いついたことを話し始めたり,一度興奮するとことばでたしなめてもなかなか気持ちを抑えられなかったりする様子がよくみられます。

子どもにADHDの傾向があるのかどうかがわからずにいるあいだ,保護者は「どうして何度言ってもほかの子をたたいてしまうのだろう」「一生懸命に子どもにかかわっているのに,まわりの人からは親のかかわり方が悪いとか,わがままに育てていると言われる。どうしたらよいのだろう」と途方に暮れることがあります。一方,ADHDの傾向のある子どもも,友だちをたたいては

いけないなど，してはいけないことを頭ではわかっているのに，自分の行動をコントロールできません。また，年齢が上がっていくと，「僕（私）はいつも失敗をしてしまう」「いつも怒られる」という経験を重ねることにより，自分に自信をもてず，「自分はダメな子だ」と自己評価を低めてしまうことがあります。これが二次障害といわれる状態です。ADHDの傾向がある子どもの育児でもっとも避けなければならないのが，この二次障害です。二次障害は叱りすぎると必ず起こると言っても過言ではありません。

不注意が目立つ子　　　　　　多動性が目立つ子

衝動性が目立つ子

第1部　わが子の行動が気になったとき,「気になる」と言われたときの心構え

4　知的障害

　知的な遅れがあると，身体的な発達がゆっくりになる傾向があります。乳児期には寝返りやハイハイ，歩く，走るなどの時期が通常よりも遅く，幼児期に入ってもかかとを浮かせて歩いていたり，バランスを崩して転びやすかったり，すぐに横になってゴロゴロしているなどの様子がみられることがあります。

　知的障害があるかどうかは，知能指数（IQ）などで明確に分けられるものではありません。「18歳までのあいだにその特徴がみられる」「知的な機能の発達に明らかな遅れがみられる」「日常のさまざまな場面で適応できないことが多くある」の3つの視点からみた結果をもとに，障害の有無が判断されることになります。

　知的な機能の発達に遅れがあると，「パパやママの口から出る音（ことば）には，何か意味がある」と気づくのに時間がかかります。また，物や行為とことばとを結びつけるのに時間がかかります。たとえば，丸い形の物と「ボール」ということば，歯をみがく行為と「歯みがき」ということばとがなかなか結びつきません。このことから，子どもには，まわりの人からの声かけにあまり反応しない，ことばによる指示に従えない，ことばだけでコミュニケーションをとろうとしてもうまくいかないなどの様子がみられます。なお，知的障害があると一生，ことばを理解できないということではありません。成長するにつれて，少しずつことばを理解していきます。

　知的障害のある子どもは，置かれている状況を理解したり，見通しをもったりすることが苦手であるために，新しく経験することに対して不安が高まりやすいのです。「何をすればよいのかがわからない」「その状態がいつまで続くのかがわからない」という状況では，不安が高まるのは当然のことです。そのため，慣れない場所に行くことや，新しいことに挑戦することを嫌がることがあります。

　加えて，知的障害のある子どもは，自分の思いや要求を相手に伝えることが苦手です。たとえば，体調が悪くてもそのことを訴えなかったり，体調が悪いという素振りをみせなかったりします。また，履いている靴のなかに砂が入っていて気持ちが悪いとか，服が肌にこすれて不快であると感じていても，その

ことを保護者に伝えることができず，代わりにいつもできていることができなくなったり，保護者が促してもやろうとしなかったりします。保護者は，子どもがどのような気持ちでいるのか，どうしたいと思っているのかがわからないので，子どもの調子がいつも前ぶれなく，突然に崩れてしまうように感じます。

　知的障害があると，前述したように共通してみられる特徴もありますが，子どもによって，「わかる」内容や範囲，「わかる」ための手段が異なってきます。たとえば，簡単で短いことばならばわかる，ことばで伝えても伝わらないけれど絵や写真を見せればわかる，ことばで伝えても絵や写真を見せても伝わらないけれど，実物を見せるとわかるといった具合です。そのため，子どもが理解できる程度に合わせた支援が必要になります。

3章 発達障害があっても
　　世界で活躍する人はたくさんいる

　発達障害の特性がありながらも，世界で活躍している人はたくさんいます。
　有名な話としてはまず，俳優のトム・クルーズは文字を読むことを苦手としたLD（学習障害）であるといわれています。彼は台本の文字を読むことができないため，他人に台本を読んでもらう，その声を録音して何度も聞くなどの方法で台本を覚え，現在は誰もが知っている映画スターとして成功しています。
　さらに，数々の栄誉ある賞に輝き，多くの人を魅了する作品を生み出している映画監督のスティーブン・スピルバーグは，自身がLDであり，読み書きが苦手であることを告白しています。現在も台本を読む時間が他人の2倍かかると彼は語っています。同級生よりも勉強ができない自分や，そのことが原因となったいじめに苦しんだ時代がありました。こうしたつらい時期から彼を救ったのが映画づくりでした。好きな映画づくりに夢中になり，それを極めていくことで，「自分はほかの人たちと違う」という苦しみが消えていったようです。十代から始めた映画づくりが，つらい生活から彼を救い，現在のすばらしい業績につながっています。
　また，偉大な作曲家であるモーツァルトは典型的なADHDであったといわれています。彼は大人になっても落ち着きがなく，せっかちに動き回っていたそうです。しかし，音楽にふれているときのモーツァルトの集中力と情熱はすばらしいものでした。
　自分の強いこだわりを追求して成功を収めた偉人もいます。電話や蓄音機など多くの発明を残したトーマス・エジソンです。彼は幼い頃から多くの人が気にとめないようなことに対する疑問をたくさん感じていました。たとえば「なぜ空は青いの？」「1個のねんどと1個のねんどを合わせたら，大きな1個のねんどになるのに，なぜ1＋1は2になるの？」といった具合です。エジソンが教師に質問ばかりをするため，授業が妨害されると考えた学校は彼を退学

3章 発達障害があっても世界で活躍する人はたくさんいる

させてしまいました。こうしたエピソードをふまえると，エジソンにはアスペルガー障害やLDなどの発達障害があったのではないかと考えられています。しかし，彼の科学的に物事を考える姿勢と，自分で理解できないことへの「なぜ？」という強い探究心（こだわり）が後のすばらしい発明につながっています。

　スポーツの世界でも活躍している人は数多く存在します。北京五輪で8つの金メダルを獲得した競泳のマイケル・フェルプス選手は9歳のときにADHDであると診断されました。幼児期から「落ち着きがなく，じっとしていられない子ども」と周囲から言われ，診断後には薬を飲みながら生活していました。そのような状況で，少しでも落ち着きが出るようにと始めたのが水泳でした。水泳の練習では高い集中力をみせ，才能を開花させました。

第1部 わが子の行動が気になったとき,「気になる」と言われたときの心構え

4章 幼稚園・保育所の先生から「子どもの様子が気になる」と言われたときにどうすればよいのか

1 素直な気持ちで保育者のことばを聞く

　どのような場面で,どういった行動が出ているのかについて,保育者からできるだけたくさんの情報をもらいます。できればメモをしておきます。保育者から話を聞く際に,わが子を守るつもりで強く否定したり,保育者に対して怒ったりすると,保育者は園での子どもの本当の姿を保護者に伝えることができなくなります。

2 これまでの園の取り組みをたずねる

　わが子の問題行動に対して,園ではどのように取り組んでくれたか,その結果,子どもがどう変化したかを具体的に教えてもらいます。家庭においてその問題行動に保護者が対応したことがあれば,その状況を保育者に伝えます。

3 保育者から今後の見通しを聞く

　保育者はいろいろな子どもの保育をした経験があります。若い保育者は,自分ではあまり経験がなくても,園のなかにいるベテランの保育者にたずねることができます。過去に在園した同じような状態の子どもがどのように成長,発達していったのか,どの専門機関にかかったかなどを詳しく教えてもらいましょう。

4 保育者から得た情報と日頃の子どもの様子から次にどうするかを考える

　落ち着いて家族と子どものことを話し合います。前述したように，発達障害のある子どもやその傾向のある子どもは，家庭では問題行動が目立たないことがあります。しかし，園や学校での集団生活において大きな問題を示すことがしばしばあるのです。そのことを考慮しながら，今後，どのようにするのが子どもにとってもっともよい対応であるのかを冷静になって家族で話し合います。

　ここで，「うちの子は絶対に発達障害の傾向はない。もう少し大きくなれば，ほかの子どもに追いつくはずだ」と考えて，保育者に反発したり，保育者の提案を放置したりすることは，結局は子どもの発達をさまたげ，子どもを困らせる時間を長くすることにつながっていきます。保護者はこのことに気づいてほしいと強く感じます。

5　念のために医師の診断を受けよう

　この段階では，発達障害の専門ではないホームドクターなどの診察を受けて，「発達障害ではない」という医師のことばを信じ，保育者のことばに耳を貸さない保護者が出てきます。発達障害の専門的な医学的診断はきわめてむずかしいといえます。小児神経科，あるいは児童精神科などの専門医のいる医療機関で診察を受けることを勧めます。

　受診する際には，保育者に同行してもらうのがベストです。園での様子を客観的に医師に伝えることは正しい診断のために必要です。それが無理ならば，保育者に園の様子をメモしてもらい，それを医師に渡すようにします。保護者は，わが子を発達障害児と診断されたくないので，医師が「～はできますか」「～に問題はないですか」とたずねても，「はい，できます」「問題はありません」と答えてしまい，正しく診断されないことがしばしばあります。子どものために正しい診断が必要なのですから，子どものありのままの姿を医師に伝える必要があります。とくに，保育の場，集団の場でどのような問題行動が出ているのかを正確に冷静に伝えることが大切です。この点については保護者では正確にわからないことですので，保育者の協力が欠かせません。

第1部 わが子の行動が気になったとき,「気になる」と言われたときの心構え

6 専門機関の情報を保育者に伝えよう

　保育者は気になる子どもの保育について,つねに勉強をしているはずです。「うちの園ではそういう子どもの入園をお断りしています」ということを堂々と表明している園がありますが,論外です。発達障害のある子どもやその傾向がある子どもは約10人に1人の割合でいるといわれており,「絶対に入園させない」ことができるわけがありません。また,そのような園は,子どもの育ちを支援するという「保育の基本的な考え方」にも合っていません。保育者は発達障害の勉強をほとんどしていないはずですから,そのような園に発達障害のある子どもやその傾向がある子どもが入園した場合には,子どもは非常にかわいそうなことになります。私たちはそのような場面をたくさんみてきました。これらの子どもたちの保育には知識と技術が必要です。子どもに合わせた指導法や教材の工夫が必要なのです。

　医療機関で子どもがどのような診断を受けたか,また保育の場で何をどのように気をつければよいのかという情報があれば,園は保育に活かしていくことができます。医療機関に行ったこと,医師から受けた診断などを園や保育者に隠す保護者がいますが,それは子どものためにはなりません。まわりの環境や

生活スケジュールの変化があると不安になることが多い発達障害のある子どもやその傾向のある子どもたちは，できるだけ同じ方法で生活をしていくことが望まれます。変化の少ない環境をつくってあげることが，これらの子どもたちを伸ばす最大のポイントです。しかし，保護者が医療機関からの情報を隠していると，家庭と園で同じ方法をとることができません。

5章　子どもが二次障害を起こさないために

　発達障害のある子どもは，その特性のために，環境が変化することに不安を感じたり，2つのことを同時に行うことが苦手であったりするという特徴があります。日常生活のなかで，これらの「子どもの困り感」が放置され，常に「僕はできない」「私はわからない」という状態が続いたり，「なぜ，何度も言ったのにわからないの！」と叱られ続けたりすることによって，「どうせ，自分はできない」「僕はダメな子だ」などと感じてしまうようになるなど，ほかの問題が生じることがあります。これを二次障害といいます。二次障害は親をはじめとした周囲の大人がつくる障害なのです。

　たとえば，ADHDの傾向があり，衝動的に行動をしてしまう子どもは，静かにしていなくてはならない場所でも，つい話をしてしまったり，動き出してしまったりするために，いつも保護者や保育者に注意をされてしまいます。そのようなことが続くと，家でも園でも「どうせ，僕は怒られてばっかりの子だ」「どうせ，がまんできないよ」などと，「どうせ……」という発言が飛び出し，大人の話を聞こうとしなくなります。

　小学校3年生のA男くんは，落ち着いて勉強することが苦手です。それを母親から叱られ続けたために，机に向かうことを嫌がり，ふた言めには「どうせできないから」と言って，勉強しようとしませんでした。また，学校でも担任の先生から指摘されるので，運動もそのほかの活動もすべてやる気を起こすことができませんでした。友だちづきあいも消極的になり，なかなか友人がつくれませんでした。すべてにおいて自信をもてませんでした。

　逆に，幼児期から「あなたはこうすればできるよ」などのように，子どもが困っているときに，叱るのではなく，子どもの特性に合わせて，保護者が子どもと一緒に「作戦」を立てていくと，子どもは「どうせ……」と考えなくなります。たとえば，頭のなかだけで覚えておくことが苦手な子どもに対して，

5章　子どもが二次障害を起こさないために

「どうして覚えていられないの！」と怒鳴るのではなく，覚えておくべきことを絵に描いて貼っておいて，わからなくなれば見にいけばよいことを子どもに伝えると，子どもの困り感はなくなります。それによって，「自分はできない」と感じるのではなく，「〜すれば，自分はできる」と自信をもてます。「自分はがんばったらできるんだ」という気持ちを育てることが，二次障害を防ぐ重要なポイントです。

　「自分はできる」と思えることを自己肯定感といいます。自己肯定感が育っている子どもは，多少の困難があっても，工夫をして，乗り越えていくことができるようになるのです。つまり，保護者がすべきことは，子どもに対して子どもの行動を一つひとつ叱るのではなく，子どもがうまくできないこと，子どもが困っていることに対して，一緒に作戦を立てて，それを乗り切る工夫をしてあげることに尽きるのです。

　気になる子どもの多くは，保護者からほめられる機会があまりありません。叱るのではなく，一緒に作戦を立て，子どもができたらほめるという育て方を徹底すれば，子どもは二次障害を起こすことなく自分のもっている能力を最大限に伸ばすことができるのです。これは気になる子どもをもつ保護者の大きな役割です。

6章 わが子の障害を受容する保護者の心理的な変化

　子どもに障害があるかもしれないと感じたときに，保護者が大きな不安を感じることは当然のことです。そのため保護者は，子どもに障害の診断がついていない段階では，子どもの「できる」「わかる」ところを探して障害の可能性を否定したり，障害以外の原因があるのではないかと考えたりすることがあります。しかし，保護者が現実の子どもの姿から目をそむけているあいだは，子どもが日常生活のさまざまな場面で困る状態が続くことになります。

　子どもに障害があることがわかったとき，保護者の多くは大きなショックを受け，間違いであってほしいという気持ちになります。一方で，これまで自分の子育てを責められ続けてきた保護者のなかには，診断が出たことで「子どもの問題行動の理由がわかった」「これからの子育ての方向性がみえた」と腑に落ちる人や，前向きに考えられるようになる人もいます。

　子どもに障害があるとわかると，まわりの人のちょっとした態度やことばが気に障る時期（イライラ期），自分への怒りや孤独感から気分が落ちこむ時期（抑うつ期），何も考えられない時期（無気力期）を経験することが多いのです。人によって，1つの時期を長く経験することもあれば，3つの時期を進んだり戻ったりすることもあります。

　「イライラ期」には，やり場のない怒りを感じます。まわりの人のことばが保護者や子どもを思いやる気持ちから発せられるものであったとしても，心に突き刺さります。周囲の親子が楽しそうに笑い合っているのを見ると「私はこんなに苦しくてつらいのに，なぜほかの親子は笑っていられるのか」と感じて，イライラしてしまいます。

　「抑うつ期」は，気持ちが沈み，ため息ばかりが出るようになる時期です。「イライラ期」では怒りなどの気持ちが外に向きますが，「抑うつ期」では自分に向けて「何か落ち度があったのではないか」という問いが出てきます。その

6章　わが子の障害を受容する保護者の心理的な変化

ため，自分を責めては落ち込んでしまいます。また，この時期には「誰も自分の気持ちをわかってくれない」と，孤独を感じることが多くあります。

「イライラ期」や「抑うつ期」を経ると，何も考える気が起こらなかったり，やる気が起きなくて何もしていないのに疲れを感じたりする時期がやってきます。これが「無気力期」です。

じつは，こうした心の動きは保護者が新しい「親としての自分」を手に入れるうえで欠かせないものです。新しい価値観を手に入れて歩き出すためには，ある程度の時間が必要です。そのあいだは暗いトンネルのなかを歩いているように感じますが，長いトンネルにも必ず出口があります。保護者はある時点で，保育者と笑い合って子どもの姿を見ることができたり，子どものために自分が何をしたらよいかを考えたりしている自分に気づくことがあります。これが，保護者が1つのトンネルを抜けたということなのです。

なお，一度トンネルを抜けられても，子どもの就学や進学などを考えるとき

第 1 部　わが子の行動が気になったとき，「気になる」と言われたときの心構え

に，また，「イライラ期」や「抑うつ期」「無気力期」を経験することがあります。このように，さまざまな時期を経験しつつ，保護者は「子どもの親」として成長していきます。

第2部
わが子の行動が気になったら すべきこと

第2部 わが子の行動が気になったらすべきこと

7章 医療機関の受診の仕方

1 どの医療機関を受診すればよいのか

　子どもの発達に詳しい診療科として小児神経科や児童精神科がありますが，専門機関の名称には，○○療育センターや，○○病院，○○発達相談支援センターなど，たくさんあってどこにいったらよいのかを迷ってしまいます。

　幼稚園や保育所で受診を勧められたなら，まずはどこに受診したらよいかを保育者に相談してみましょう。また，住んでいる地域の保健センターに相談すると，医療機関を紹介してくれます。

　そのほかにも，かかりつけの小児科で医療機関の受診を相談することができます。ただし，その場合は，かかりつけ医は予防接種や日常の受診などの短時間の診察でしか子どもをみていないため，気になる行動に気づかず，紹介をた

めらうことがあります。園や自宅で子どもの気になる行動に関する具体的なエピソードを医師に伝えて，専門医への紹介状を書いてもらいましょう。

2 子どもの発達を専門に診察できる医療機関に受診しましょう

小児神経科は，けいれん（ひきつけ），運動・知能・感覚・行動またはことばの障害など脳，神経，筋肉にかかわる病気を診断・治療する科です。児童精神科は，発達途上にある子どもの心や行動の問題について診察や治療を行っています。

小児神経科，児童精神科のどちらも，子どもの心の問題，対人関係の問題，発達についてのさまざまな問題を扱っています。同じ医療機関に小児神経科と児童精神科がある場合は，初診の申し込みをするときに予約担当者に相談してください。また，精神科医であればどの医師でもよいというのではなく発達障害のある子ども（とくに幼児）を多くみている医師にかかることが大切です。とくに就学間近の子どもの場合は心配も多く，保護者も不安になりがちです。子どもに適切な対応をしていくためにも気になったら早めに受診の申し込みをしましょう。

3 受診までの手続きと準備

a 診察の申し込み

発達障害を専門に診察できる医療機関は全国的にも数が少なく，初診の申し込みから診察まで長くて数カ月かかることがあります。

予約方法は電話による受付がほとんどです。予約の電話を保護者がするときは，家族や子どもの予定（母親の出産予定，父親の予定，幼稚園・保育所の行事

第2部 わが子の行動が気になったらすべきこと

など）を前もって把握しておいて，受診日と予定が重ならないようにしましょう。

b 診察日までに準備すること

以下の物を準備しておくと,子どもの状態を適正に診てもらうことができ,また診察がスムーズに進みます。

①保険証・小児医療費受給者証・その他医療助成・診察券(受診したことがある場合)

②母子手帳

親の妊娠中の経過や,子どもの発達(歩き始め・ことばの発達・乳幼児健診の結果)に関する経過がわかります。

③幼稚園・保育所での様子

連絡帳,友だちと仲よくできない,集団生活にうまく参加できないなど行動面の具体的なエピソードを保育者に書いてもらうように依頼してください。

④紹介状

かかりつけ医で書いてもらってください。ただし,紹介状がなくても,受診できる医療機関もあります。

⑤質問票(40ページの表1を参照)

診察を申し込んだ後に,質問票(表1)が医療機関から送付され,自宅で記入して診察日に持参する医療機関があります。

⑥受診する医療機関の情報

はじめて受診する場合に,せっかく予約した診察や検査の時間に遅れないようにするためにも所在地と交通手段を確認しておきましょう。子どもが診察までのあいだ,長時間待つことが苦手なときは,どこで過ごしたらよいかも事前に聞いておきましょう。

4 診察の流れ

受診の際には,事前の面接や診察,心理検査など,いろいろな予定が組まれていて時間がかかります。当日は,ほかの予定を入れないようにしておきましょう。また,診察では子どもの行動も観察します。体調が悪ければ,普段の行動,様子が伝わりにくくなります。予約日に子どもの体調がよくなければ早めに医療機関の窓口に相談しましょう。

第 2 部　わが子の行動が気になったらすべきこと

表 1　質問票の例

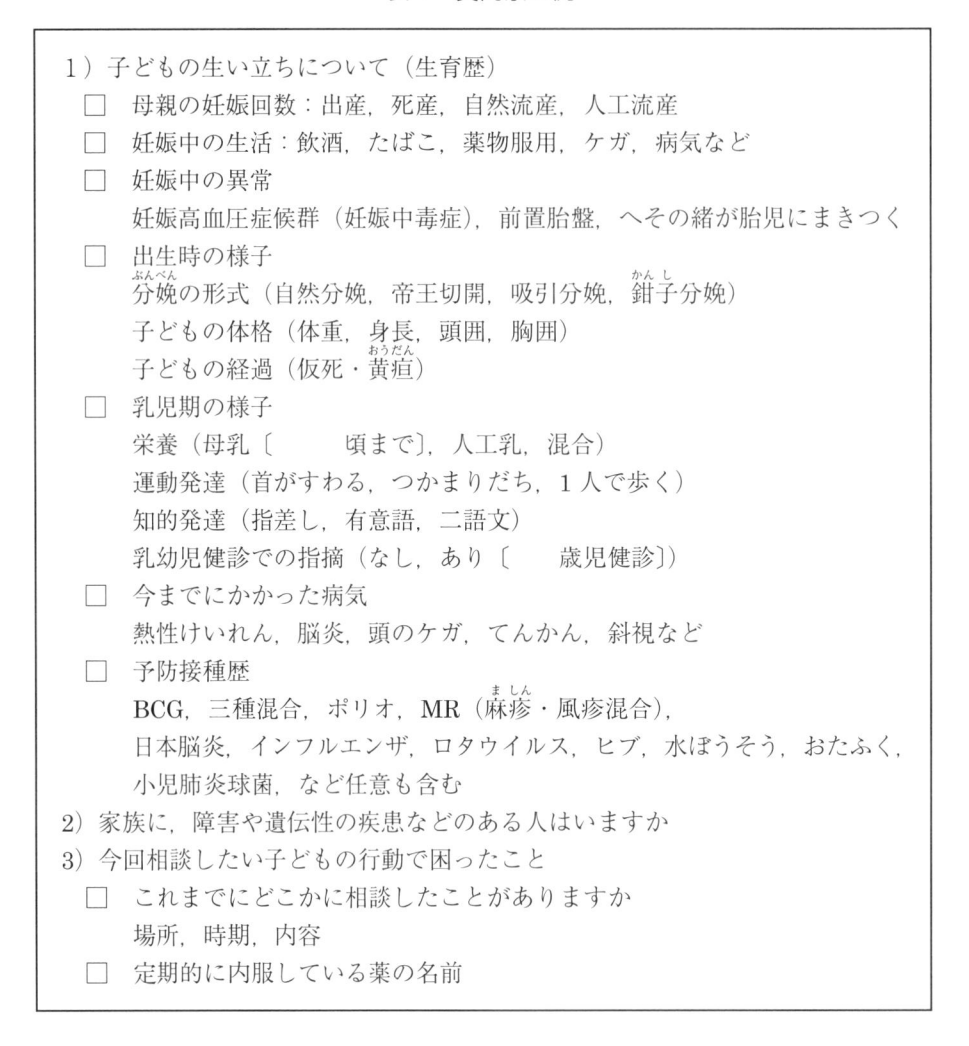

1）子どもの生い立ちについて（生育歴）
　□　母親の妊娠回数：出産，死産，自然流産，人工流産
　□　妊娠中の生活：飲酒，たばこ，薬物服用，ケガ，病気など
　□　妊娠中の異常
　　　妊娠高血圧症候群（妊娠中毒症），前置胎盤，へその緒が胎児にまきつく
　□　出生時の様子
　　　分娩（ぶんべん）の形式（自然分娩，帝王切開，吸引分娩，鉗子（かんし）分娩）
　　　子どもの体格（体重，身長，頭囲，胸囲）
　　　子どもの経過（仮死・黄疸（おうだん））
　□　乳児期の様子
　　　栄養（母乳〔　　頃まで〕，人工乳，混合）
　　　運動発達（首がすわる，つかまりだち，1 人で歩く）
　　　知的発達（指差し，有意語，二語文）
　　　乳幼児健診での指摘（なし，あり〔　　歳児健診〕）
　□　今までにかかった病気
　　　熱性けいれん，脳炎，頭のケガ，てんかん，斜視など
　□　予防接種歴
　　　BCG，三種混合，ポリオ，MR（麻疹（ましん）・風疹混合），
　　　日本脳炎，インフルエンザ，ロタウイルス，ヒブ，水ぼうそう，おたふく，
　　　小児肺炎球菌，など任意も含む
2）家族に，障害や遺伝性の疾患などのある人はいますか
3）今回相談したい子どもの行動で困ったこと
　□　これまでにどこかに相談したことがありますか
　　　場所，時期，内容
　□　定期的に内服している薬の名前

---

a　診察

　診察前の聞き取りや，事前の質問票の内容をもとに子どものことばの発達や行動の特徴，人とのかかわり方，コミュニケーションの方法などを医師が時間をかけて観察します。さらに，身体的な特徴や運動機能も含めて詳しく調べます。子どもははじめて行く場所では，普段どおりの受け答えができにくく，大人ほどはスムーズなやりとりができないことがあります。保護者が無理に問いつめたりしないようにしましょう。

　専門医による診断は，子どもの状態を知り，どのような対応が必要かを検討

し，治療方針を決めるための手がかりとなります。しかし，一度や二度の診察では，はっきりと診断がつけられないことがあります。「○○傾向」や「○○の疑い」などと言われて，保護者はモヤモヤした気持ちになるかもしれません。しかし，診断名は告げられなくても今後の方針やかかわりのヒントになるような対応について医師から説明を受けたら，保育者に伝えなければなりません。子どものそのときの状態を家族や保育者が知ることは，子どもの最大限の発達のために大切なことです。

b　薬

　薬による治療は，医師の診断と処方が必要です。薬によって発達障害が根本的に治るわけではなく，周囲の適切な対応と薬の力を借りることで，多動などの障害の特性を弱めることができます。医師から薬について話があったら，効果や副作用などについて心配なことがあれば質問しましょう。そのうえで家族と相談して使用するかどうかを決めてください。治療が始まったら処方された薬の量や用法は，必ず医師の指示に従ってください。診察時に薬による影響をみていくうえでも大切なことです。

第2部　わが子の行動が気になったらすべきこと

8章　療育機関をどのように利用したらよいか

1　乳幼児健康診査（健診）で相談してみましょう

　誕生から学校へ入学するまでのあいだに，住んでいる地域の保健センターで定期的に健診を受けることができます。いわゆる「3歳児健診」とよばれるものです。もっとも身近な相談の機会は，この健診です。健診には，小児科医，歯科医，保健師，栄養士といった子どもの病気や子育ての専門家がいます。最近では，子どもの発達の専門家が，健診に立ち会っている自治体も増えてきました。健診は子どもの生活のしにくさに早く気づいて，子どもの特性を把握し，どう対応したらよいのかを相談する場です。「しつけがなっていないです！」などと母親の子育てを否定したり，障害のある子どもを選別したりする場ではありません。

　たくさんの子どもをみている保健師であっても，健診の場で子どもの状態をすべて把握することはできません。育児の悩みはもちろん，子どもが朝ぐずぐずしていてごはんを食べない，夜になかなか寝ないといった生活面のことや，落ち着きがないといった行動面あるいはことばの発達で気になっていることがあれば，ちょっとしたことでも問診のときに遠慮せずに相談してみましょう。保健センターは，健診のとき以外にも相談を受けつけています。自分の子育てに迷ったり，子どもの発達に疑問を感じたら，1人で悩まずにまずは一歩を踏み出すことが大切です。

2　信頼のおける相談先を見つけましょう

　保健センターの相談で「経過をみましょう」と言われた場合，保健センターで開催されている親子教室への参加を勧められることがあります。また，人と

8章　療育機関をどのように利用したらよいか

のかかわりやことばの指導が必要なときは，ほかの療育機関を紹介されることがあります（45ページの図1を参照）。

a　保健センターなどでの親子教室や発達相談

　保健センターなどの地域の子育て支援の機関が主催して，気になる子どもを育てている親子のために教室が開かれていることがあります。地域によっては，身近に相談したり頼りにできる人がおらず，子育てに不安を感じている保護者が参加していることもあります。

　親子教室では，親子が一緒にできる遊びをしたり，外へ出かけたりして過ごします。保育士が参加していれば，遊び方のコツを教えてくれます。また，保健師や発達の専門家が参加して，日常生活のちょっとした困りごとに答えてくれる相談会を開いている地域もあります。ここは保護者同士の交流の場でもあります。同じ悩みをもつママ友と出会いたい人や地域の幼稚園，予防接種を受けやすい小児科，ゆっくり遊ばせることができる公園などの口コミ情報がほしい人にもおすすめです。

　親子教室のようにほかの人が大勢いるところでは，悩みごとや心配を相談しにくい場合は，発達相談を利用するとよいでしょう。発達相談では，子どもの発達に詳しい心理士や言語聴覚士といった専門家が個別に相談に応じます。そのときに子どもの発達がどのような状態であるのかをみてもらえます。子どもの様子を観察しながら，じっくり話をすることができるので，より具体的な助言をもらうことができます。

親子教室

発達相談

b 療育機関

親が子どもを育てにくいと感じるということは、子どもの側からするといろいろなことにやりにくさを感じているということです。このやりにくさは、今だけのことではなく、将来の学びにくさにもつながります。生活習慣、コミュニケーション、人とのかかわり方など生きていくために必要なことをうまく学べない状態です。この状態を長引かせてしまうと、子どもの発達の遅れをひどくさせたり、親子ともにイライラが高くなって親子関係の悪化につながったりします。そのときの子どもの発達の状態をきちんと把握して、子どもにあったやり方で対応してあげることは、将来のためにとても大切なことです。

療育機関には、子ども発達センターや児童発達支援センターといった機関があります。公的な機関以外に民間の教室もあります。このような機関には、子どもの発達に詳しい保育士、心理士、言語聴覚士、作業療法士、理学療法士といった専門家がいて、子どもの運動、コミュニケーション、集団参加といった社会生活の基本の力を伸ばすために、少人数のグループあるいは個別で専門的な療育方法を合わせた指導を行っています。朝から通って午後まで過ごし、生活習慣（着替え、食事、トイレ、持ち物の管理など）や人とのかかわりをしっか

りと学ぶことを目的としたクラスや,保育所・幼稚園に通いながら,夕方の時間だけ通うことができるクラスなどいろいろなタイプがあります。指導や訓練というとおおげさな感じを受けるかもしれませんが,専門的な療育はどのようなものなのかを知るために,まずは見学から始めてみましょう。

c　そのほかの相談機関

現代を生きる親がかかえている悩みやストレスはさまざまで,子どもの発達だけを解決しようとしてもうまくいかないことがあります。家族の生活全体にかかわることや経済的なことなど,より福祉的なサービスを親自身が利用したほうがよいときがあります。

たとえば,保護者の体調が悪かったり介護が必要な高齢者が家族にいて,思うように子どもの世話ができないために手助けがほしいときには,住んでいる地域の役所の福祉課や福祉事務所に連絡してみてください。子育てのストレスから子どもに手をあげてしまったときには,児童相談所に相談できます。

どこに相談したらよいのかに迷ったら,保健センターの保健師に相談してもよいでしょう。福祉関係の機関を紹介してもらえます。

保健センター	3～4カ月児健診	→経過観察	保健センターなどで開かれる親子教室*
	↓	→発達相談	保健センターでの心理士や言語聴覚士による個別の相談や療育
	1歳6カ月児健診	→療育機関	児童発達支援センター*,子ども発達センター*,ことばの教室*など
	↓	→医療機関	子どもの発達に詳しい児童精神科医などがいる病院
	3歳児健診	→その他	児童相談所,福祉事務所,発達障害者支援センター,子育て支援のNPO法人など
	↓		
	(5歳児健診)		
教育	就学時健診	→教育相談	役所の教育関係課,教育センターなど

誕生 → 保健センター(3～4カ月児健診 → 1歳6カ月児健診 → 3歳児健診 → (5歳児健診)) → 教育(就学時健診)

*自治体によって名称は異なります。

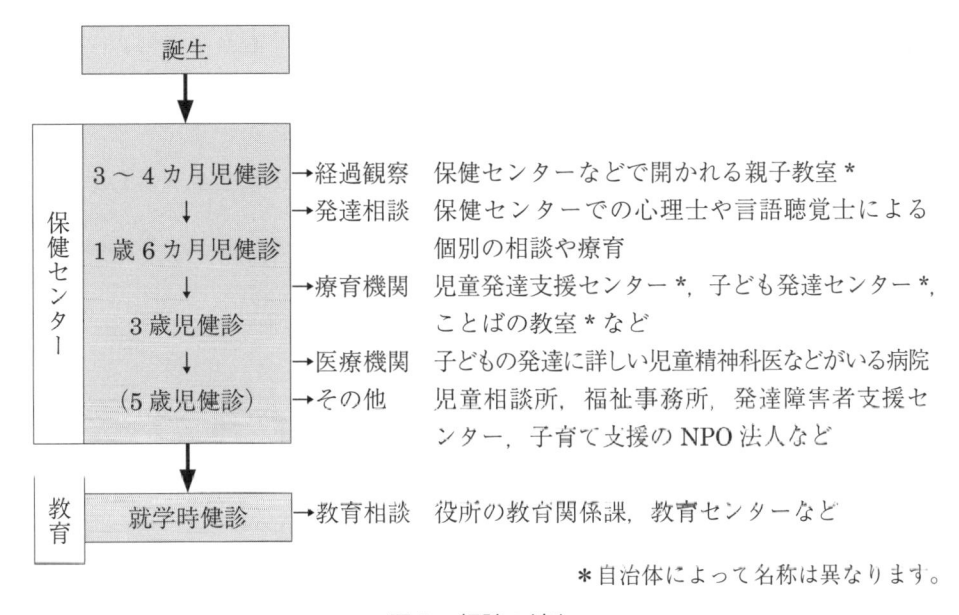

図1　相談の流れ

第2部 わが子の行動が気になったらすべきこと

9章 専門機関に通うことを保育者にどう伝えるか

　幼稚園，保育所に在園中に，子どもに発達障害があると診断を受けたり，療育機関に通うようになった場合に，そのことを保育者に伝えてしまうと，退園するように言われるのではないかと心配になる方がいます。しかし，専門機関で言われた内容を保育者に伝えないままでいると，子どもにとって，一貫したよい保育を受けられません。

　医療機関や療育機関などで指摘された子どもの特性や診断名，対応の仕方などについての情報を保育者が知っていれば，それに応じて子どもに接することができます。また，その情報をもとに，保育者がその子どもに適した対応を勉強することができます。反対に，情報がないままであれば，保育者は自分が行っている方法が子どもの特性に適しているのかどうかについて自信をもてないままで保育することになります。加えて，保育者が子どものためと思って行っている対応が，療育機関や家庭での方法と異なり，子どもが混乱することもあります。そうなると，結局は，子どもは特性に合った保育を受けられず，保育のなかで困った状態のまま放っておかれることになるのです。

　子どもがそのような状態にならないためにも，子どもの情報を共有して，家

庭，専門機関，幼稚園や保育所で一貫した対応ができるようにしなくてはなりません。保育者と協力をするには，以下の2点が重要です。
1　保育者と面談をして子どもの情報を共有する
2　医療機関や療育機関からの情報を保育者と共有する

1　保育者と面談をして子どもの情報を共有する

在園中に子どもに障害があることがわかった場合には，保育者と面談をして医療機関や療育機関で伝えられた内容と，家庭での子どもの状態を伝えます。具体的に伝える内容は，次のとおりです。
　①障害名
　②医療機関名・担当医師名
　③発達検査の内容（検査の時期と検査結果）
　④専門機関名（通所の頻度や療育の内容）
　⑤医療機関や療育機関から伝えられた，子どもの特性
　⑥医療機関や専門機関から受けたアドバイス

療育機関と幼稚園や保育所，家庭とが情報を共有し，同じように子どもに対応することによって，子どもがわかることやできることが増えていきます。たとえば，療育機関で絵カードを使用している場合には，園や家庭でも同一のカードを使用すると，子どもがとまどうことなく生活することができます。

第２部　わが子の行動が気になったらすべきこと

Q 幼稚園や保育所にどの程度までわが子の対応について協力を求めてもよいのでしょうか？

A 幼稚園や保育所では，1人の保育者が大勢の子どもをみているため，保護者が望むことを保育者がすべて行うことはできません。しかし，「こんなことをお願いしたら保育者に迷惑をかけるのではないか」と心配になり，子どもにとって，必要となることも保育者に何も伝えられずにいると，結局は，子どもが「保育者の指示がわからない」状態で保育を受けることになります。

下に，幼稚園や保育所には，何をどこまで依頼できるのかを具体的に示しました。ただし，保育者や園によって，できる範囲や内容が異なりますので，保育者と話し合ってください。

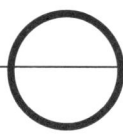

○	✕
・視覚支援をする（絵カード・スケジュール表を使う） ・クラスの子どもたちにいっせいに指示をした後に，個別に指示をする ・子どもが注意散漫で気が散りやすいので，席を前にする ・子どもの名前の呼び方を家庭と同じにする	・集団活動が難しいので，つねに個別に活動させる ・療育センターで行っている，個別の言語訓練を園でも同じようにする ・家庭で通信教育をしているので，園でも通信教育の課題をさせる

2 医療機関や療育機関からの情報を保育者と共有する

　医療機関や療育機関からの情報を保育者と共有することは子どものために必要になります。できるだけ，保育者に医療機関や療育機関への同行を求めます。医療機関へは，初診の際に同行してもらうとよいでしょう。保育の場での子どもの様子や困っていることなどを保育者に話してもらうことによって，子どもの状態を医師が客観的に把握することができます。また，医師から子どもの特性や保育のなかで注意する点などについてのアドバイスを受けてください。

　療育機関には，新しい年度が始まる前の春休みなどに同行してもらいましょう。同行してもらう回数は，年に1回から2回が望ましいでしょう。療育機関に，保育者が同席してもよいのかを確認します。可能な場合には，保育者に療育の様子をみてもらいます。見学後に，療育機関の職員と保育者，保護者の3者で，それぞれの場における子どもの様子について情報交換をします。療育機関と保育者とが情報交換をすることによって，療育機関から，保育をする際にどのようなことに注意して，どんな対応が必要なのかのアドバイスを受けることができます。

　保育者は療育機関の職員から子どもの対応について具体的なアドバイスをもらうことによって，保育に活かすことができます。保育者の同行がむずかしい場合には，保育者に書面や電話で医療機関や療育機関と連絡を取り合うように求めるのもよいでしょう。

第2部 わが子の行動が気になったらすべきこと

Q 幼稚園や保育所を選ぶときに,子どもの状態を知らせたほうがよいのでしょうか？

A 保護者は,子どもの状態を園に伝えることで,子どもが入園を断られるのではないのかと心配になるかもしれません。しかし,子どもの状態を知らせずに入園すると,必要な支援を受けられない場合があります。

　新年度に園でクラス編成をする際に,担任は1人なのか複数なのか,また補助の保育者が必要なときだけクラスに入るのかを決めます。そのときに,入園する子どもの状態を園が知らないままでいると,個別のかかわりが必要な子どもがいるのに,クラスの担任は1人になることがあります。そうなると,子どもは保育者の指示がわからずに,何をしてよいのかがわからないままに過ごさざるをえません。

● **補足説明** ●

■園に相談しよう

　幼稚園や保育所に入園する前に，子どもに障害があることがわかっている場合には，子どもの状態について園に相談します。

　幼稚園や保育所への入園が決まると，保護者はわが子が園の生活に慣れることができるのか，友だちと遊ぶことができるのかなど，さまざまなことが不安になります。保育者も子どもの保育に対して，子どもにどのような行動や特性があるのか，それに対してどう対応するのか，好きなことや嫌いなことは何か，保育のなかで注意することがあるのかなどに不安を感じています。保護者と保育者のお互いの不安を少なくするために，保育者と面談をして，子どもの状態を詳しく理解してもらいます。保育者と子どもの状態を相談する際には，下記の項目を伝えましょう。

①障害名
　　診断された時期と診断を受けた経緯
②既往症
　　病気があるのか（例：先天性心疾患）
　　その病気に関して，保育の中で配慮が必要なことは何か
③医療機関名　担当医師名
　　子どもが通院している医療機関の名前と担当医師の名前
　　通院の頻度（毎月第2火曜日に通院など）
　　服薬の有無
④発達検査
　　医療機関や療育機関で子どもが発達検査を受けている場合に，検査を受けた時期と検査結果
⑤療育機関名
　　通所を始めた時期，通所の頻度，療育の内容
⑥子どもの家庭での状態
　　子どもの特性，身支度や食事の様子，排泄のときの状況，子どもの好きな遊び・嫌いな遊び，家庭でしている，こだわりやパニックへの対応など
⑦保育のなかで，気にかけてほしいこと

10章　医療機関や療育機関と園が どのように連携したらよいか

1　医療機関や療育機関に通っていることを園に伝えたほうがよいのか

　保護者のなかには，医療機関や療育機関といった専門機関に通っていることを園に知られてしまったら「対応するのがたいへんな子どもと思われるのではないか」「やっと入れた園を『やめてほしい』と言われてしまうのではないか」などと心配して，園に言い出せずにいる方もいるでしょう。
　こういった問題がもし起きるとしたら，それは専門機関に通っていることを知らせたからではありません。園と保護者とのコミュニケーションが十分にとれていないために情報が正確に伝わらず，子どもへの接し方に関する知識が足りなかったり，誤解していたりするためです。むしろ，医療機関や療育機関でのアドバイスや指導の様子を積極的に伝えて，家庭で行っていることを示し，園での対応がよりうまくいくように情報を伝えたほうがよいでしょう。
　園と家庭がお互いの立場を理解し，信頼し合い，子どもへの対応が統一されることが子どもを伸ばすもっともよい環境です。

2　どうやって連携をとったらよいか

　連携の目的は大きく2つあります。
　1つは，子どもの気持ちや困っていることを，子どもとかかわる周囲の人が理解するためです。子どもをとりまく大人やクラスメートとの通訳の役割を親が果たしていくためです。もう1つは，情報を共有し，家庭，園，専門機関が知恵を出し合って子どもの成長を支えることです。

10章　医療機関や療育機関と園がどのように連携したらよいか

a　子どもの気持ちの通訳者となる

　連携の1つの目的は，保護者が子どもの気持ちの通訳者となることです。一見わがままにみえることであっても，子どもなりの理由があります。しかし，理由を理解できない園の先生やクラスメート，父親や祖父母などから叱られてばかりになってしまう子がいます。ことばで言いたくても，コミュニケーションが苦手でどう伝えればよいのかがわからないために，わがままなふるまいをしているのかもしれません。自分の過ちを認められないのではなく，何が起きているのかが理解できなくて混乱しているために，反抗的な態度をとっているのかもしれません。

　医療機関や療育機関の専門家は，この子どもなりの理由を分析することが仕事です。子どもの気持ちを通訳する役割だと思って，園に専門家からの助言を伝えるようにしましょう。

b　上手な情報の共有

　連携の基本は情報の共有です。多くの場合，保護者が情報の伝達役となって，園の様子を専門機関に，専門機関からのアドバイスを園に，口頭や連絡帳などで伝えています。専門機関からのアドバイスを求めるときには，具体的に家庭や園での様子を伝えるように心がけます。

　たとえば「強い口調で注意するクラスメートがいるから，ストレスをためて

たたいてしまう」というように誰かが悪いと原因を決めつけたり，「自分の気に入らないことがあるとすぐに怒る」というあいまいな表現をしたりするのはよくありません。「家では自分が使っているおもちゃを弟がさわろうとすると弟をたたいて泣かせてしまう。園では鬼ごっこで鬼になったり，いすとりゲームで座れないとお友だちをたたいてしまう。たたいたことを注意されると，『自分は悪くない』と言って泣いて手がつけられないようだ」というように具体的に伝えましょう。同じ「たたく」という行為でも，たたかざるをえない子どもなりの理由が違います。理由が違うので当然，対応方法が違ってきます。

具体的に様子を伝えるためには，保護者が園での様子を知ることが大切です。「明日，療育機関に相談に行きます。最近の園での様子について教えてください。療育の先生にたずねておくことはありますか」というように，療育の日を利用して情報を交換するようにしている人もいます。

最近は療育機関と園が直接連絡を取り合うことが多くなりました。しかし，このような場合には，保護者の許可が必要です。保護者があいだに入って伝えるのはどうも苦手というときには，園と療育機関に直接，情報交換してもらうように依頼してみましょう。

11章 夫婦でわが子の障害を受けとめる
ためにどうしたらよいか

　夫婦が同じ時期に子どもの状態に気づき，それを受けとめ，子どもの障害と向き合っていけることはまれです。多くの場合，どちらかが先に子どもの状態に気づき，先に心の葛藤を乗り越えて子どもの障害に向き合う準備を進めます。一般的に，母親のほうが先に子どもの障害を受けとめる準備を進めるケースが多いでしょう。これは，母親のほうが子どもにかかわる時間や保育者とやりとりをする機会が多く，子どもの状態に気づきやすいためです。

　たとえば，母親は子どもの障害に気づいて医療機関の受診を考えているけれども，父親はまだ子どもの状態が障害によるものであるという事実に気づいていないか，その事実を認めようとしない段階にあったとします。この場合，母親が子どもの状態や医療機関の受診について父親に相談しても，父親はまともに受けとろうとしなかったり，母親の考えに反論したり，「君のしつけ方が悪いからではないか」などと母親を責めたりすることが起こります。このように，先に子どもの状態に気づき，障害があるという事実に向き合おうとする人は，配偶者の心の準備ができるまでのあいだ，配偶者の協力を得られず，1人で心の葛藤と向き合うことになります。また，配偶者が子どもを医療機関に受診させることに反対する場合は，「前に進みたいのに進めない」というつらい状態に置かれることになります。

　先に子どもの障害に気づいた保護者は，もう一方の保護者が子どもの状態に気づき，子どもの障害を受容できるように，働きかけてみましょう。たとえば，園での子どもの姿をみてもらったり，保育者の口から園での子どもの様子を伝えてもらったり，障害について書かれてある専門書をさりげなく配偶者の目にとまるところに置いてみたりして，相手に「うちの子はほかの子どもと少し違うのかな」と感じられるように促していきます。

　それでも配偶者が気づかない，あるいは現実を直視しようとしない場合は，

第2部 わが子の行動が気になったらすべきこと

「念のために専門機関に行って相談してみる。専門機関で子どものことを相談できれば自分も安心できる」と提案してみます。「念のため」「安心できるから」ということを強調することで,配偶者も同意してくれやすくなります。

　先に気づいているほうがもう一方の認められない気持ちを責めたとしても,何の解決にもつながりません。相手は,「子どもに障害があるかもしれない」という配偶者のことばに少なからず動揺してとまどっているのであり,そこから心の準備を進めるまでにはある程度の時間がかかるのです。先に子どもの状態に気づいた保護者は,配偶者の心の準備ができるまでは配偶者に心の支えや協力を求めることをせず,同じように子どもの状態に気づいてその事実に向き合ってくれる保育者などにつらい気持ちを受けとめてもらうようにしましょう。そのことが,配偶者との無用な言い合いを防ぐことになります。

12章　祖父母やきょうだいに
　　　　わが子の発達障害をどのように伝えるか

1　発達障害がある子どもの祖父母

a　祖父母の様子

　祖父母は子育て経験があるため，孫へのしつけに口を出したくなります。なかでも，孫が問題行動をとるようであれば，母親が働いているなどの生活スタイルや，甘やかしているなどのしつけの仕方に問題があるのではないかと思い込み，保護者に子育ての方法を助言することがあります。問題行動は発達障害が原因であると伝えても，どのような障害であるのかをよく知らないため，祖父母はなかなかそのことを受け入れられません。

b　祖父母への発達障害の伝え方

　祖父母には，「こだわりがある」「じっとしていられない」などの子どもの特徴を具体的にし，箇条書きにまとめて示しましょう。特徴がたくさんある場合には，そのなかからとくに祖父母とかかわって問題になりそうなことを選んで伝えます。
　たとえば，「これから何をするのか想像することが苦手なので，急に予定を変更すると大きな声を出して騒ぎます」「高いところが大好きなので，登れるところがあると，つい登ろうとします」と伝えます。できるだけ予定を変更

第2部　わが子の行動が気になったらすべきこと

しない，登ると危険であるところ（ベランダなど）へは行けないようにカギをかけるなど，祖父母は何に気をつければうまく孫と接していけるのか，どう対策をすればよいのかについて伝えます。慣れるまでは祖父母に負担をかけないように，祖父母と孫だけの時間を短く設定するなどの配慮が必要です。

ただし，保護者が子どもは発達障害である，発達障害はしつけが原因ではなく脳の病気であることを何度も伝えても，祖父母にわかってもらえないケースがあります。祖父母が子どもにとって良好でない関係であれば，「いつかわかってもらえるときが来る」と考えて，この時期に無理に祖父母に理解を促そうとしすぎないほうがよいでしょう。

2　発達障害がある子どものきょうだい

a　きょうだいの様子

きょうだいは，大きな声を出す，暴れるなどの発達障害のある子どもの行動にどう対応したらよいかがわからないことをストレスに感じています。また，目に見える障害ではないため，現実を受け入れられず，障害のあるきょうだいに対する嫌悪感が出てくることがあります。

b　きょうだいへの発達障害の伝え方

　きょうだいに「なぜ○○ちゃんは許されるの？」と聞かれた場合に，「障害があるから仕方がないのよ」と回答しても，きょうだいは納得できません。きょうだいの思いを受けとめたうえで，発達障害のある子どもの特徴とその対応について具体的に話してください。

　たとえば，「どうして，○○ちゃんは手を洗ってるときに水遊びをしていてもいいの？　僕も遊びたいけれどがまんしているのに」ときょうだいが言ってきたら，「がまんができてすごいね。気持ちはよくわかるよ。○○ちゃんは水が大好きで，いつ水遊びをやめるべきなのかがわからないの。だから，砂時計でお砂が下に全部落ちたらおしまいにする約束をしているの。おしまいができることを今練習しているのよ」などと伝えます。

　また，発達障害のある子どもが順番を守らないなどで，きょうだいが障害のある子どもと遊ぶことをいやがることがあります。順番を守らない場面を保護者がみても，まったく注意をしなければ，それに対してきょうだいは不満をもちます。その場合には，保護者が一緒に遊びに加わります。たとえばトランプをするときには，トランプが始まる前に発達障害のある子どもに「順番を守ります」「○○くんはお兄ちゃんの次です」などと伝えます。保護者の対応をみて，きょうだいも「こうすれば弟と一緒に遊べるんだ」と学ぶことができるのです。

第 2 部 わが子の行動が気になったらすべきこと

13章 子どものクラスメートやその保護者とどうつきあうか

1 クラスメートとのつきあい方

　子どものクラスメートが「どうして○ちゃんは～できないの」「なんでいつも～するの」と質問をしてきたときや,「また～していた」「○ちゃんに～された」と言ってきたときに,保護者はどのように対応したらよいのでしょうか。

　クラスメートの質問のなかには,保護者が回答に困るものがあります。そのような質問に対しては,答えをはぐらかそうとしたり,「ごめんね」と謝ってすませようとしてしまうかもしれません。しかし,クラスメートがもった疑問や思いは,クラスメートが子どもの特性を知り,クラスの仲間として受け入れてくれるよいきっかけとなります。

　クラスメートは,障害のある子どもがなぜそのようなことをするのか,どのような思いをもっているのかがわからずにいます。保護者が子どもの状態や気持ちをクラスメートに伝えることで,クラスメートは障害のある子どもがとった行動に納得し,子どもの行動を見守ったり応援したりしてくれるようになります。クラスメートには,たとえば,自分の子どもには苦手なことがあること,現在は苦手なことができるように練習している最中であ

ること，練習している子どもを見守り，応援してほしいことなどを伝えるとよいでしょう。また，「たたかれた」など，子どものとった不適切な行為について報告を受けた場合には，「たたくことはいけない」ということを認めたうえで，「あなたと遊びたいという気持ちをうまく伝えられなくてたたいてしまうこともあるみたい。たたかずに遊ぼうと言えるように練習するね」と，自分の子どもの気持ちを代弁してあげるようにします。

2 クラスメートの保護者とのつきあい方

　クラスメートの保護者たちは，子どもの様子をみて「親の育て方が悪い」と勘違いをすることがあります。また，子どもに障害があるという事実を公表していなくても，ほかの子どもたちとは異なる行動をとる姿を目にしたり，自分の子どもなどから話を聞いたりすることによって，「あの子はほかの子どもたちと違う」と気づくことがあります。このように，子どもに障害があることを伏せていても，憶測によるうわさ話が広まり，クラスメートの保護者が誤解してしまうことがあります。

　子どもが生活しやすい環境を整えるためには，クラスメートの保護者に子どもの状態を理解してもらい，受け入れてくれる雰囲気をつくることが望ましいのです。保護者は保育者に協力してもらって，保護者会などの機会に，子どもの状態や子どもが不適切な行動をとった場合の保育者の対応，これまでにみられた子どもの成長などについて，クラスメートの保護者に伝えておくとよいでしょう。

　なお，保護者が子どもの障害を受けとめられずに苦しんでいるあいだは，クラスメートの保護者の何気ないひと言に傷ついたり，気づかいからくることばかけにも応じられなかったり，ほかの親子の様子をみることさえつらかったりします。この時期に，クラスメートの保護者とうまくつきあえなくても，自分を責めないことです。クラスメートの保護者とは，自分の気持ちが落ち着ける程度の距離をとっておけばよいのです。

第2部 わが子の行動が気になったらすべきこと

14章 子どもの就学先をどう選ぶか

1 幼稚園や保育所との相談

　子どもが小学校に就学するということは，どの家庭でも人生の大きな節目で親子にとってうれしい出来事である反面，小学校で子どもはうまくやっていけるだろうかという不安もあります。さらに，幼稚園や保育所の保育者から「落ち着きがない」「何をするにも時間がかかる」「友だちと一緒に遊べない」「呼びかけても気づかない」などの子どもの問題を指摘されると，就学への不安はより高まることでしょう。しかし，特別支援学級や特別支援学校に入ったら，「障害児」というレッテルを貼られるのではないか，地域の子どもとのつながりがなくなってしまい，今後，地域で生活していくうえで，子どもの理解者がいなくなってしまうのではないか，特別支援学級や特別支援学校では，子どもにとって刺激が少なすぎるのではないかといった心配から，通常学級に就学させたいと考える保護者がいます。

　子どもにとっては，通常学級に就学することが必ずしもよい結果になるとは限りません。学習についていけず，勉強を楽しいと思えなかったり，周囲からいじめやからかいの対象になってしまったりして，子どもが傷ついてしまうことがあります。どこに就学することが子どもの発達にとって最善の策であるのかを担任保育者や園長とよく話し合ってください。その際に，保護者の希望だけを主張するのではなく，子どもがかかえている課題や就学先の選択肢となる学校のサポート体制を十分に考慮することが大切です。

2　就学先の種類

子どもの就学先を考えるうえで，子どもが安心して学べる環境とは何か，どのような教育を受けることが子どもの能力を伸ばせるのかについて，子どもの特性を考慮していきます。

就学先については，通常学級，特別支援学級，特別支援学校の選択肢があります。また，通常学級に通いながら，通級指導教室で指導を受けることもできます。

担当保育者や園長に相談

a　通常学級

1クラス40名（原則）で編成されており，いっせいに授業を受けます。地域によって異なりますが，支援を必要とする子どもには，介助員や学習支援員がつくことがあります。

b　特別支援学級

特別な支援を要する子どものために設けられた学級であり，1クラス8名（原則）で編成されています。少人数による教育や個々の課題に合った教育を受けることができます。

また，通常学級との交流も行っています。交流教育の内容は，生活交流（給食など），学校行事（運動会など），特別活動（クラブ活動など），教科交流です。

教科交流とは，個別の支援を必要とする教科（算数や国語など）は特別支援学級で受けるけれども，そのほかの教科（音楽や生活科など）は通常学級で受けるという方法です。

c　特別支援学校

時間割には，通常学級と同様に各教科（算数や国語など），道徳，特別活動および総合的な学習の時間があります。そのほかには，自立活動の授業がありま

す。自立活動の授業とは、子どもの自立に向けて、それぞれの課題に応じた指導をいいます。特別支援学校では、一人ひとりの特性に応じた専門的な支援を受けることができます。しかし、近隣に特別支援学校がないために、通学に時間がかかる場合があります。

d 通級指導教室

通常学級に在籍したまま、「通級指導教室」に週2回程度通うことをいいます。普段は通常学級で学習し、通級指導教室では子どもがかかえている問題に応じた個別の学習をします。子どもが通っている学校に設置されている「通級指導教室」に通う「自校通級」と、近隣の学校に設置されている「通級指導教室」に通う「他校通級」の2通りがあります。

3 就学の流れ

子どもの就学について気になることがあれば、まずは就学相談説明会に参加しましょう。就学相談説明会は、子どもが小学校に入学するにあたって知的な面や情緒面、身体の発達に心配な点のある保護者を対象にした説明会です。

就学相談説明会では、就学相談の流れや手続きの方法の説明、特別支援学級、通級指導教室、特別支援学校でどのような教育が行われているのかについての説明がされます。就学相談説明会の開催後、保護者が希望すれば教育委員会に申し込み、就学相談を受けることができます。

14章　子どもの就学先をどう選ぶか

　就学相談とは，子どもが小学校に就学するにあたり，発達上において何らかの気になる問題がある場合に，専門の就学相談員と保護者が面談する場です。医療機関で受けた子どもの診断書や療育機関での報告書，療育手帳など，子どもの状態を相談員に把握してもらうための資料があれば持参してください。また，就学相談員と保護者が相談しているあいだに，別の部屋で心理学の専門家が子どもと話したり遊んだりしながら，心身の発達の状況などを把握します。また発達検査を行っていない子どもには，検査をする場合があります。

　就学相談では，保護者のニーズを伝えながら，就学相談員や心理の専門家とともに，子どもにとって望ましい教育環境が整った就学先について考えます。

　12月頃，就学指導委員会（市区町村内小学校の校長，教頭，特別支援学級を担当している教員，特別支援学校の教員，教育相談室の心理相談員，医師，教育支援センタの職員がメンバー）より，通常学級（通級指導教室の利用を含む），特別支援学級，特別支援学校のどこの就学先が子どもにとってよいのかが示された判定通知が保護者に届きます。その判定に同意した場合は，就学先が決定となります。判定に同意できない場合は，就学先を再検討するために就学相談を受けることができます。

　就学先が決定すると，入学説明会に参加して学校の運営方針や学校生活，きまり，入学までの準備について把握します。また，1日入学体験などで，教室，トイレ，靴箱，校庭，体育館，通学路などを確認しておきます。

第 2 部　わが子の行動が気になったらすべきこと

表 2　就学までの流れ

時期	スケジュール
4 月～6 月	・担任保育者，園長と子どもの就学について相談をする
6 月～9 月	・就学相談説明会に参加する ・教育委員会に就学相談を申し込む ・就学相談をする ・特別支援学級，特別支援学校の参観や見学をする
10 月～11 月	・就学時健康診断
12 月～1 月	・就学判定通知を受けとる
2 月	・入学説明会 ・1 日体験入学

第 3 部

子どもの問題への対応方法

第3部　子どもの問題への対応方法

15章　発達障害のある子どもにかかわる際の大原則

1　子どもの特性を知る

　「うちの子は何度，叱っても，同じことを繰り返す」という相談を発達障害のある子どもの保護者からよく聞きます。それは，子どもの特性に合った対応を保護者がしていないことが大きな原因です。子どもにとっては，自分がなぜ叱られたのか，何を叱られたのかがわからなかったり，衝動的にその行動をしてしまう環境がそこにあったりするのです。

　第一に保護者がすべきことは，子どもが起こしている問題の原因は何であり，どのように対応したらよいのかを知ることです。たとえば，「うそをつく」子どものなかには，現実と空想の区別がつかないためについている場合や保護者の気持ちを自分に向かせたいためについている場合があります。詳しくは後述しますが，それぞれの子どもによって対応の方法が異なります。「うそをついてはいけません」と何度も注意したところで，子どもたちのうそはなくなりません。自分の子どものつくうその原因を考え，それに合った対応をすることが

　　　　　　この前も
　　　　　　言ったばかりでしょ！

子どもをガミガミ叱る　　　　　　子どもについて学ぶ

68

何より必要になるのです。

　また，子どもの問題の原因がわかっても，子どもによって効果的な対応方法が異なります。ある子どもには効果があっても，別の子どもには効かないということがあります。ある方法を行ってもあまり効果がみられなかったら，別の方法を試してみてください。ただし，一度や二度試して，うまくいかないからといって，別の方法にうつるのではなく，2～3週間程度は続けてください。いろいろな方法を試して，子どもに最適な方法を見つけてあげることが子どもを伸ばすコツです。

2　指示の仕方，話の伝え方を工夫する

　発達障害のある子どもの多くは，話を聞いて，その意味を理解することが苦手です。単語そのものが何を表しているのかがわからない子どももいれば，一つひとつの単語の意味は理解できるけれども，話が長くなると，途中で注意力が散漫になり，話の内容がわからなくなってしまう子どもがいます。一方的に自分からは話すけれども，ほかの人との会話はかみ合わない子どもがいますが，こういった子どもの場合も，相手の話を聞いて理解することが苦手です。

　このような子どもに話をする際には，「はっきり，短く，具体的に」伝えるようにします。「はっきり」とは，今，何を指示されたのか，何の話をしているのかが子どもにわかるように，メリハリをつけて話すことです。「短く」とは，文字どおり，多くのことをしゃべりすぎないことです。「たくさんのことばを使って説明するとわかりやすくなるだろう」と考える人がほとんどですが，ことばの理解がむずかしい子どもには逆効果になります。「具体的に」とは，子どもが何をすればよいのかがわかるように明確に伝えることです。「ちゃんと」「きちんと」などの具体性のないことばは，子どもにとっては何をどうしたらよいのかがわかりません。「ちゃんと服を着なさい」と言うのではなく，「シャツをズボンに入れます」「ボタンをとめます」などのように何をどうすればよいのかがわかるように伝えてください。なお，発達障害のある子どもには本人が主語になるように「(○○ちゃんが)～をします」と指示をしてください。そのほうが子どもは，自分がその行動をするのだと理解しやすくなります。

第3部　子どもの問題への対応方法

あいまいな言い方をする　　　　　具体的に言う

　また，発達障害の子どものなかには，耳で聞いただけではわかりにくくても，目で見ればわかる子どもが多くいます。そのため，子どもに話をする際には，できるだけ実物や絵カードなどの視覚的な情報を使ってください。

3　子どもがストレスを感じない環境を整える

　発達障害のある子どものなかには，いつもと違うやり方をすると大泣きをしたり，ある特定の音やにおいを極度に嫌がったり，少しの時間でもじっとしていられなかったりする子どもがいます。保護者にとっては，「どうしてこれぐらいのことで泣いたり怒ったりするのか？」「なぜ，うちの子はほんの少しの時間をがまんできないのか？」と疑問に思うことでしょう。しかし，発達障害のある子どもは，わざと保護者をてこずらせようとしているわけではありません。「今，何をすればよいのかがわからない」「音やにおいなどの刺激の感じ方が発達障害のない人と異なる」「衝動的に身体が動いてしまう」などの発達障害の特性が関係して，このような行動が生じています。強制的にがまんさせようとしても，子どもにストレスを与えるだけです。

　保護者の対応として必要なことは，子どもが「今，何をすればよいのかがわかる」「苦手な刺激を感じなくてすむ」「気が散らない」環境をつくることです。たとえば，子どもと一緒に絵本を読んでいる際に，目を細めるなど，まぶしそ

うにしている様子が子どもにみられたら，照明が絵本に直接当たらない場所に移動することが必要です。つまり，子どもは絵本に反射する光の刺激を痛いと感じている可能性があります。それを避けることによって，絵本に集中できるようになります。

そのほかにも，絵本を読んでいるときにほかの家族の動きや外の様子が気になって，じっと座っていられない子どもがいます。そのような場合には，部屋の全体を見わたせるような場所で絵本を読むのではなく，壁のほうを向くようにしたり，カーテンを閉めて外の様子が見えないようにしたりすることによって，絵本以外のことに気がそれることが少なくなります。

子どもが生活しやすいように環境を整えることを「甘やかしている」ととらえる人がいますが，それは間違いです。ストレスが少ない環境で，子どもが「わかった」「自分はできる」と感じられるようにしていけば，その後，がまんをしたり，自分でできるようにするための練習を子どもは率先してやるようになります。しかし，ストレスを感じる環境で，叱られながら強制的に練習をさせられたら，逆効果になるばかりです。

4　やってよいことと悪いことをはっきりさせる

本書でこれまでに述べたように，発達障害のある子どもの二次障害を防ぐためには，保護者は子どもを叱りすぎてはいけません。しかし，このことを「発達障害のある子どもを叱ってはいけない」ととらえてしまう人がいますが，そうではありません。やってはいけないことを子どもがした場合に，やりたいようにさせておくのではなく，注意をし，何をしてはいけないのかを子どもに教えていく必要があります。

第3部　子どもの問題への対応方法

　まず，やってよいことと悪いことを明確にしてください。口頭で説明しただけでは，発達障害のある子どもは理解できなかったり忘れてしまったりするので，絵や写真などの視覚的な情報を交えて説明します。

　また，発達障害のある子どものなかには，落ち着いて考えれば善悪の判断ができても，興奮していると，とっさに状況判断ができずに衝動的に行動してしまう子どもがいます。そのため，その状況になる前に子どもが「これはやってはいけないことだ」と思い出すための手がかりとして，次の2つのことを準備してください。

　1つは，子どもが行動する直前に「やってはいけないこと」を伝えることです。もう1つは，絵や写真などを子どもの目につく場所に貼っておくことです。たとえば，家のなかで遊んでいるときに家具の上などの高いところに登ってしまう子どもには，子どもが遊び始める前に「遊ぶときの約束」として，「〇〇に登ってはいけない」ことを子どもとともに確認します。また，子どもが登ってしまいそうな家具には「×」の印を描いたカードを貼っておいたり，「登っている子どものイラストの上に×」を描いたカードを貼っておくようにします。

　さらに，子どもが「やってはいけないこと」を少しの時間でもしていなければ，大いにほめてください。たとえば，子どもが高いところに登らずに遊んでいる場面を見たらほめるようにしていくと，子どもは登りたいという衝動があっても，「ほめられたい」という気持ちが強くなり，少しずつがまんできるようになっていきます。

16章　発達障害のある子どもが日常生活に問題をかかえる理由と支援のコツ

1　日常生活の動作の方法や順番を理解できない

　発達障害のある子どもは，トイレや手洗い，着替えなどの日常生活で行う動作の方法や順番をなかなか理解できません。

　その第一の理由は，「方法や順番の説明そのものを理解するのに時間がかかる」ことです。15章でも書きましたが，発達障害のある子どもの多くは，ことばによる説明を理解することが苦手です。保護者がことばで「歯磨きをしてきなさい」と言っても，何をするように言われているのかがわかっていないことがあります。

　第二の理由は，動作をしている途中で「次にやることを忘れてしまう」ことです。いくつかの順番を覚えて行動しなくてはいけない動作の場合に，毎日のように行っていても，途中で次に何をすればよいのかがわからなくなってしまうのです。たとえば，着替えの際に，次に何を着たり脱いだりすればよいのかがわからなくなって，シャツだけ着て，ボォーッとしていることがあります。

　このような子どもたちに，まず「目で見てわかる手がかり」を用いて指示をするようにしてください。歯磨きの絵カード（絵カードについては，101ページで詳しく説明します），あるいは歯ブラシを見せて，「歯を磨きます」と伝え

第3部　子どもの問題への対応方法

ることによって，子どもは，今，何をするように言われたのかがわかります。

　また，動作を細かいステップに分けて，1つの動作を終えたら次に何をするかを指示するようにしてください。たとえば，手を洗う場合には，「じゃぐちをひねります」→「せっけんで手を洗います」→「水ですすぎます」→「じゃぐちを閉めます」→「手を拭きます」というように分けます。この際にも，何をするのかをイラストで示したものを見せて指示をしたり，保護者が動作をジェスチャーで示し，子どもがまねをすることができるようにすると，わかりやすいのです。

2　聴覚や触覚などの感覚に異常がある

　自閉症やアスペルガー障害の傾向がある子どものなかには，ある特定の音やにおいなどをひどく嫌がる一方で，多くの人が苦手とする音やにおいは平気である場合があります。たとえば，ドライヤーや掃除機の音を聞くとパニックと言われる状態になって，大泣きしてしまうけれども，ガラスをひっかく音を聞いてもとくに何も感じないという状態です。つまり，障害のない子どもにとっては何でもない刺激が自閉症やアスペルガー障害の子どもにとってはひどく不快に感じられ，反対に一般には敬遠される刺激には不快にならないということです。このことは，自閉的な傾向のある子どもの聴覚や触覚，味覚，嗅覚，視

16章　発達障害のある子どもが日常生活に問題をかかえる理由と支援のコツ

覚による感じ方が自閉的な傾向のない子どもと異なり、感覚が過敏すぎたり鈍感すぎたりすることによります。そのため、発達障害のない大人が「これぐらいはがまんできるはずだ」と感じていても、子どもにとっては耐えられない状況になるのです。

　このような子どもたちには、生活に支障のない範囲で、不快な刺激をできるかぎり取り除いてください。家の外の工事の音を子どもが嫌がっていれば、家のなかの窓やカーテンを閉めて、音が聞こえにくいようにしたり、イヤーマフや耳栓を使用したりして、子どもが不快な音を聞かなくてもすむような配慮が必要です。

　しかし、どうしても生活の上で、避けることができない刺激があります。たとえば、エアドライヤーの音を苦手とする子どもがいますが、エアドライヤーは、現在、多くの公衆のトイレに設置されています。そのため、外出の際に、この音を聞かないようにすることには無理があります。このように避けることができない刺激には、少しずつ慣れさせていく方法をとります。まずはエアドライヤーの音が小さく聞こえる場所で、子どもに数秒間、がまんをさせます。少しでもがまんができたら、大げさにほめてやります。それに子どもが慣れてきたら、次はその場所から、エアドライヤーの設置されている場所に1m程度近づいて、がまんするようにうながしていきます。それができたら、またほめます。そして徐々に距離を縮めていきます。この際に、急激に距離を縮めようとすると、子どもにとっては恐怖を感じて、不快感を強めてしまうことになります。あせらず、小さなステップで慣れさせていき、少しでもできたらたくさんほめてあげることが大切です。

　また、子どもに「今からエアドライヤーの音が聞こえる場所の近くを通る

よ」などと予告しておくと，心づもりができるため，子どもにとっては嫌な刺激でもがまんしやすくなります。

3　考える前に行動してしまう

　頭で考える前に身体が動いてしまう子どもがいます。家の外で救急車の音がしたら，ご飯を食べている最中でも，いきなり家から飛び出して救急車を見にいってしまったり，駐車場で車を降りた瞬間にまわりを見ずに走り出してしまうのがその例です。このような子どもは，興味があるものを見たり，聞いたり，何かを思い出したりすると，「今は何をする時間なのか」「どうしなければならないのか」を考えずに，衝動的に動いてしまうのです。障害のない子どもであれば，その場と関係のないことを思い出したり，行動したくなったりしても，「今，この場でそのことをしたらママに怒られる」「やってはいけないことだ」と考えることができますが，衝動性が強い子どもの多くは，とっさに状況を判断する力が弱いため，自分の行動を抑えられません。

　このような子どもには，強く叱っても効果はありません。むしろ，叱り続けることで二次障害の危険性が増していきます。大事なのは「事前にルールを決め，守れたらほめる」ことを徹底することです。まず，子どもが行動をする前

に，気をつけることを子どもに確認させます。子どもに，ルールを思い出させるようにしてもよいでしょう。たとえば，駐車場で車から降りる前に「車を降りたら，どうすればいい？」などと子どもに聞き，子ども自身が「ママと手をつないで歩く」などと答えるようにするのです。実際に，子どもが車から降りて，母親と手をつないだらほめ，また数秒でも走りださなかったらほめるというようにしてください。最初は数秒しか守れなくても，ほめていきながら，徐々にルールを守る時間を延ばしていきましょう。

　また，衝動的な行動は，子どもが何かを見たり，聞こえてきたりしたことがきっかけになって起こることが多いのです。そのため，気がそれるようなものを子どもの周囲に置かない，窓の外や家のなかの物（とくにおもちゃ）が見えないようにするなどの環境を整えてください。

　なお，家では見られなくても，幼稚園や保育所の担任からは「衝動的に行動する」と指摘されることがあります。園では，みんなと一緒のペースで行動する，順番を待つ，ほかの人が終わるまで待つなどことが求められるため，家庭では気づかなかった衝動性が目立つのです。保育者から指摘されたら「そんなはずはない」と否定するのではなく，どの姿もわが子の様子であるととらえてください。

4　複数の動作を同時に行うことが苦手である

　音を聞きながら手を動かす，動いているものを目で追いながらキャッチするといった，複数の動作を同時に行うことを苦手とする子どもが多くいます。いわゆる「ながら行動」ができません。1つの動作に気をとられていると，ほかの動作に意識が向かないのです。とくに運動の場面では，複数の動作を同時に行わなければならないことが多くあります。たとえば，ボールを投げるという動作は，投げる方向を見ながら，腕と手首を動かすことが求められます。縄跳びは，縄をまわす，落ちてくる縄を目で追う，タイミングよく飛び越えるという動作をしなければなりません。そのため，走る，ジャンプすること自体は得意でも，複雑な動きを求められるとできなくなってしまうのです。

　まずは，できるだけ子どもが複数の動作を同時に行わなくてもよいように，

大人が配慮してください。たとえば、子どもが遊んでいる最中に、保護者が声をかけても、保護者の声に反応しないことがあります。これは、遊ぶことと保護者の話を聞くという動作を同時に行えないためです。「どうして、この子は何度言っても聞かないのかしら」「この子は親を無視している」と怒る保護者がいますが、その対応はよくありません。保護者が子どものそばに行って、肩をたたいたり、子どもの視界に入るところで手を動かすなどして、子どもの注意を保護者に向けさせ、遊びの手が止まったことを確認してから、話をするようにしてください。

また、どうしても複数の動作を組み合わせて行わなくてはならない場合には、細かいステップに分けて、少しずつできるように練習していきます。たとえば、縄跳びの場合には、床に置いてある縄を飛び越える練習をする、その次に置いてある縄を保護者が蛇のように揺らしたところを子どもが飛び越える練習をする、その次に半分に切った縄を片手に持ち、縄をまわす練習をするといったように、動作を1つずつに分けていきます。できるようになった動作を組み合わせていくことによって、結果的に複雑な動作ができるようになるのです。

5　変化が苦手である

発達障害のある子どものなかには、いつもと同じパタンであれば問題なく行動できても、少しでも違う状況になったり、やり方が変わってしまうと、ひどく不安になったり、逆に興奮しすぎて気持ちをコントロールすることができなくなったりする子どもがいます。つまり、発達障害のある子どもの多くは変化に弱く、臨機応変に行動することが苦手なのです。

まずは，できるだけ決まったパタンで生活できるように工夫してみてください。朝起きてから寝るまでのスケジュールをつくり，それに沿って生活できるようにします。スケジュールは，紙やホワイトボードなどにイラストや文字で書いたものを壁に貼っておくようにすると，子どもが確認しやすくなります。

しかし，日常生活をいつも同じように送れるとは限りません。「病院に行く」「祖父母が遊びにくる」など，いつもとは違うパタンになるときには，あらかじめ，いつ，何があるのかを子どもに伝えてください。スケジュールが貼ってある壁のところに子どもを連れていき，どこにどのような変更があるのかを伝えます。ことばだけでは伝わりにくい子どもには，絵や写真などを見せながら話すとよいでしょう。

また，幼稚園や保育所の行事などで，普段の園生活とは違う場所に行く場合にも，事前に子どもと一緒にその場所を下見に行ってください。子どもにとっては，初めて行く場所は不安でも，どこに何があるのか，どのような場所なのかがわかれば，その場所への不安が軽減したり，興奮しすぎずに過ごすことができます。

加えて，家では安心して過ごせても，家から一歩出ると，何があるのかがわからずに，不安になってしまう子どもがいます。そのような子どもには，お気に入りの物をお守りとして持たせましょう。ただし，幼稚園や保育所などに

第3部 子どもの問題への対応方法

持っていくときに，活動の邪魔にならないように，できるだけ小さな物がいいのです。好きなキャラクターがついているハンカチやマスコットなどが適しています。

6　活動の途中で集中力が切れてしまう

　発達障害のある子どもは，何かをやっている途中で集中力が切れてしまうことがしばしばあります。その背景には，ADHD不注意型の特徴がある場合と，今，行っている活動そのものを理解できずにいる場合があります。ADHD不注意型の子どもは，これまでにも述べましたが，集中力を持続させたり，今，行っていることから別のことに注意を向け直すことが苦手です。そのため，ご飯や着替えなどをしている際に，集中力が途切れてしまい，今は何をしている時間であるのか，次に何をすればよいのかがわからなくなってしまうのです。

　また，活動そのものを理解できずにいる子どもの場合は，今，行っていることの楽しさややり方がわからず，飽きてしまっているといえます。たとえば，

保護者からおもちゃを与えられて，最初はそのおもちゃをさわっていたけれども，すぐにそのおもちゃを手放してボォーッとするという具合です。その子どもは，おもちゃをどのように使えばよいのか，どう遊べばよいのか，何が楽しいのかがわからないために，集中力がなくなってしまっているのです。

　ADHD不注意型の子どもには，「今，ご飯を食べる時間だよ」「今は何をする時だったかな」などと声をかけて注意力を戻すようにしてください。このタイプの子どもに「集中しなさい」「気持ちをそらしてはいけません」などといくら注意しても，もって生まれた特性であるため，効果はありません。また，注意がそがれても，今，何をするときなのか，次に何をすればよいのかなどを子どもが思い出せるように，目につくところにその活動の流れをイラストや文字で示しておくとよいでしょう。たとえば，歯磨きをする洗面台の前に歯を磨く順番を示したイラストを貼っておくと，子どもが自分で「次は口をゆすぐのだった」と思い出しやすくなります。

　さらに，集中できる時間がほかの子どもよりも短い子どもには，1つの活動の時間を短くするようにしてみてください。このような子どもは，訓練をしたら集中できるようになるわけではありません。「3分間やる」「3回練習する」などと短時間で終わることができると子どもが感じられるルールを決め，それができたらほめて休憩し，休憩が終わったらまた短時間の活動をするということを繰り返して，短時間でもそのときは集中するように促しましょう。

第3部　子どもの問題への対応方法

17章　子どもの困った行動にどう対応したらよいか

1　身支度（着替え）が進まない

身支度よりもほかのことが気になってしまう。	気になることを減らして身支度に集中できるようにしよう。
	まわりのものが目に入らないように壁側を向かせて身支度させる。

　家のなかには子どもが興味をもつものがたくさんあります。たとえばテレビの音，おもちゃやテーブルに出ているおやつなどです。集中力が続かなかったり，注意がそれやすい子どもは，こういった刺激が周囲にあると，着替えをしている最中であるにもかかわらず，おもちゃで遊び始めてしまったり，窓の外を見にいこうとしたりするなど，ほかのことに気をとられてしまいます。

　このような子どもに対しては，気が散る原因となる刺激を最小限に抑えることが必要です。まずは，まわりの様子が見えない部屋のすみや壁側に向かせて支度をさせてください。また，テレビや音楽を消す，おもちゃを無地の布で覆って見えなくするなど，刺激になるものを取り除くこともあわせて行います。

17章　子どもの困った行動にどう対応したらよいか

どのように身支度をすればよいか、着替えの手順がわからない。	着替えの手順がわかるように、絵カードで手順を示そう。
	絵カードで手順を示しながら、身支度をするよう声をかける。

　また、身支度の手順を忘れてしまったり、途中でわからなくなってしまう子どもがいます。「毎日やっていることなのにどうしてできないの？」と思うかもしれませんが、子どもは身支度の途中で、次に何をすればよいのかがわからなくなり、混乱してしまうのです。

　このような子どもに対しては、身支度の手順を一つひとつ絵カードで示します。身支度を行う場所の近く（たとえば、着替えをするときにはタンスのわきなど）に手順を示す絵カードを貼っておくと、それを見て確認しながら行動できます。また、タンスのわきの手順表の前で着替えをする、というように場所を決めることも1つの方法です。「タンスの前に来たら着替えをするんだ」というルールをつくると、子どもにとってその場所に来れば何をするのかがわかりやすくなります。

絵カード

第3部　子どもの問題への対応方法

| 手先が不器用なために身支度に必要な動作ができない。 | 子どもが苦手なところを保護者が手伝って，子どもが「できた」という達成感が得られるようにしよう。 |

保護者が着替えを手伝い，子どもが自分で行う部分を増やしていく。

　発達障害のある子どもは手先が不器用なことがあります。服を着るときにはファスナーを上げ下げしたり，ボタンをかけたり，靴をはくときには靴のかかとをひっぱりあげたりと，身支度をするためには手先を使う動作が必要になります。発達障害のある子どもは，手先が不器用なために，これらの動作がスムーズにできなかったり，1つの動作に時間がかかったりします。そうすると，身支度をすることが嫌になってしまい，途中で投げ出してしまいます。さらに，身支度をしている最中に叱られたら，ますます嫌になります。

　まずは，あと少しでできるというところまで保護者が手伝い，最後の仕上げを子ども自身にさせます。最後の仕上げができたらたくさんほめてください。これを繰り返し，少しずつ保護者が手伝う部分を減らして子ども自身が自分の力で行う部分を増やしていきます。この子どもたちは「できたらほめる」を繰り返していかないと伸びないのです。

17章 子どもの困った行動にどう対応したらよいか

Q 一つひとつ声をかければ身仕度ができますが、自分からは身支度をしません。どのように対応すればよいのでしょうか？

A 身支度の手順は理解できているのに、大人が声かけをしなければ行動を始められない子どもがいます。家庭や保育所、幼稚園のなかで大人が先回りをして声をかけたり、身支度を手伝ってしまうことが多い場合には、子どもは声かけをされなければ行動しない状態になってしまいます。

自分で行動できるようにするには、保護者が子どもの行動を待つことが必要になります。最初はじれったく感じたり、時間がなくてあせってしまうかもしれませんが、一度じっくりと時間をとってみてください。まずは「お着替えしようね」とひと声かけてから、子どもが行動を開始するのを待ちます。子どもが行動しなかった場合には「今は何をする時間だった？」と声をかけ、気づきを促します。自分から身支度を始められた場合には、「お着替えをするんだったよね。自分で気づけてえらかったね」と、自分から身支度ができたことを声に出してたくさんほめてください。

第3部　子どもの問題への対応方法

2　偏食が激しい

感覚が過敏であるために，偏食になっている。

偏食の原因を考えよう。

食感？
におい？

無理に食べさせることはせず，偏食の原因を探して対処する。

　発達障害の子どもたちのなかには，視覚，聴覚，触覚，嗅覚，味覚などの感覚が非常に敏感な子どもがいます。感覚が敏感すぎるために，食べ物の味や舌ざわり，においなどを不快に感じてしまい，食べられなくなっていることがあります。

　たとえば，触覚が非常に敏感で，辛いものを食べると痛いと感じる子どもや，どろっとしたとろみのある食べ物の舌ざわりを気持ちが悪いと感じる子どもがいます。金属のスプーンが唇にふれる感覚が苦手だったり，食器についているにおいを不快に感じて，食べられなくなっていることがあります。

　まずは，子どもが何を嫌がっているのかをよく観察してください。金属のスプーンが苦手な場合には，木やプラスチックのスプーンを使うというように食器を変えれば食べられるようになることがあります。また，野菜を細かく刻んだり，ペースト状にしてスープに混ぜるなど，食感を変えれば食べられるようになる子どももいます。

17章　子どもの困った行動にどう対応したらよいか

| 食べ物の色や見た目，食感にこだわりがある。「まるいのキライ！」 | こだわりの原因を見つけ，原因を取り除こう。丸い形が嫌な場合なら，切り方を変える ○→◗ こだわりの原因にあわせて，対処する。 |

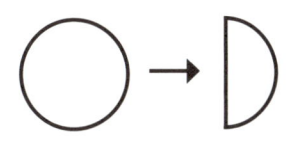

　発達障害のある子どもの偏食の理由の１つに，食べ物の色や見た目，食感に関するこだわりがあります。こだわりは子どもによってさまざまです。
　たとえば，丸い形をした食べ物が苦手な場合もあれば，白い色の食べ物が苦手なこともあります。また，白いご飯なら食べられるけれど，ごはんにふりかけがかかってしまうと食べなくなるケースがあります。逆に，ごはんにはふりかけをかけるものと決めていて，ふりかけがないとごはんを食べられない場合もあります。 
　子どもが何にこだわっているのかについての原因を調べ，こだわりの原因を取り除きます。

「この子はふりかけなしね」

87

第3部　子どもの問題への対応方法

食事に関して過去に嫌な出来事があり，それを思い出して食べられない。

食べてみるかどうかを子どもに確認しながら，少量ずつ食べさせよう。

食べる？

無理に食べさせず，苦手な食べ物に興味を示したときに少量ずつ食べるように挑戦させてみる。

　食事を食べない子どものなかには，過去に嫌な経験をしたために，その食べ物を食べないと自分で決めている場合があります。たとえば「ちょっとだけでいいから食べてごらん」と言われて，無理やり苦手な食べ物を口に入れられた経験をきっかけに，そのとき食べさせられたものを食べなくなってしまうというようなケースです。発達障害の子どもには，嫌な出来事が強く印象に残ることがあります。なかには何十年たっても，あるとき突然，幼い頃にあった嫌な出来事をはっきりと思い出してパニックを起こしてしまう人もいるほどです。

　このような経験が偏食の原因になっている場合には，無理に食べさせようとせず，残してもよいことにしてください。もし，その食べ物に興味を示したり，自分から食べてみるという意思表示をした場合には，ほんの少しの量から食べることに挑戦していくとよいでしょう。なお，ほんの少しとは，お米1粒だったり，スプーンにわずかにのっている程度のことをいいます。このような子どもにスプーン1杯は多すぎます。

17章　子どもの困った行動にどう対応したらよいか

● 補足説明 ●

発達障害のある子どもが食べない原因は非常にさまざまです。

●食べ物の色や形にこだわりがあるケース（形や見た目を変えれば食べられることがある）
・丸い形（卵，だんご，えのき茸の先）をしている物を食べない
・キャラクターの形をした物を食べない
・白い食べ物（豆腐，シチュー，グラタン，白玉だんごなど）が苦手である

●食べ物の味や食感が混ざることが苦手であるケース
・食感が混ざることを嫌がる（ハンバーガー，サンドイッチ，シュークリームなど，間に具材が挟まれている食べ物が苦手である。食材一つひとつをバラバラにすれば食べられることがある）
・煮物の汁が別のおかずに着くと食べられないなど，おかずの味が混ざることが苦手である（小皿におかずを1品ずつ盛りつければ食べられる）

Q 発達障害のある子どもは，大きくなったら偏食は治るのでしょうか？

A 発達障害のある子どもの多くは，学校生活や日常生活に慣れ，自分の思いどおりにならないことがあってもパニックを起こさずに対処できるようになる頃に，苦手な食べ物であっても食べられるようになってきます。一般的には，小学校高学年がその時期にあたります。

　ただし，その時期まで苦手な食べ物を食べる機会がないまま，自分の好きなものだけを食べていては，食べられる物はなかなか増えません。苦手な食べ物にも少しずつ挑戦し，偏食を改善する機会を与え続けることが必要です。

3 排泄が自立しない

| トイレという場所そのものが苦手である。暗い，冷たいなど，トイレを嫌な場所だと感じる理由がある。 | 子どもがトイレに行こうという気持ちになるように，トイレの環境を整えよう。 |

トイレが嫌な場所でなくなるよう，トイレの環境を整える。

　発達障害の子どものなかにはトイレという場所そのものが苦手な子どもがいます。トイレの水を流す音が嫌いなこともあれば，においが嫌だったり，ひんやりとした感じや，薄暗い感じが苦手であるというように，トイレを苦手と感じる原因はさまざまです。子どもがトイレに行けるようにするためには，何が嫌なのかを把握し，それを改善します。たとえば薄暗いのが嫌なら，少し明るい電球を使うようにします。最初は保護者と一緒にトイレのそばに行く，それができたらほめ，次はトイレに保護者と一緒に入り，できたらほめる，というように少しずつにトイレに行けるようにしてください。

17章　子どもの困った行動にどう対応したらよいか

| どのような手順で，排泄をすればよいのかがわからない。 | 子どもが排泄をするときの手がかりを示そう。 |

絵カードを用いて，排泄の手順を説明する。

　排泄の際には，トイレに行ってパンツを下ろす，便器に座る，紙でふく，パンツを上げる，水を流す，手を洗うというようにたくさんの動作が必要です。発達障害のある子どものなかには，これらの動作をどの順番で行えばよいのかがわからなくなってしまう子どもがいます。そのような子どもには，トイレの動作を細かく分けて絵カードをつくり，トイレの手順を示します。排泄をするときには，絵カードをさしながら「○○ちゃん，パンツを脱ぎます」と声をかけて，一つひとつの動作を行います。絵カードはトイレのなかの見えるところに手順どおりに貼り，子どもが排泄をするときの手がかりになるようにするとよいでしょう。

排泄の絵カード

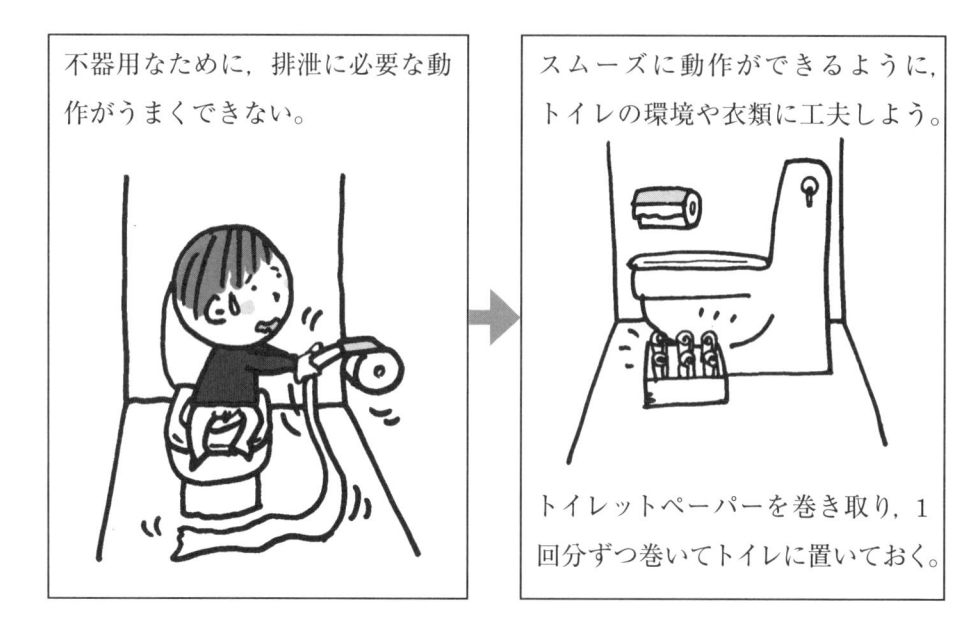

第3部　子どもの問題への対応方法

| 不器用なために，排泄に必要な動作がうまくできない。 | スムーズに動作ができるように，トイレの環境や衣類に工夫しよう。 |

トイレットペーパーを巻き取り，1回分ずつ巻いてトイレに置いておく。

　トイレットペーパーをうまく巻き取れない，ズボンをおろすのに手間取っているうちにもらしてしまうというように，排泄の際に必要となる動作がうまくできずに排泄が自立しないケースがあります。排泄ができるようになるためには，一つひとつの動作を子どもが無理なくできるようにする工夫が必要です。トイレットペーパーを巻き取れないのであれば，子どもがトイレに行く前に保護者がトイレットペーパーを1回分ずつ巻いて，置いておきます。また，ボタンやファスナーの上げ下ろしがむずかしい子どもの場合には，ズボンやスカートはゴムで簡単に上げ下ろしができるものにするなど，脱ぎ着しやすい服を着せるように配慮してください。

17章 子どもの困った行動にどう対応したらよいか

Q 子どもがトイレトレーニング中に失敗したら，どのように対応すればよいのですか？

A トイレトレーニングを行う途中で，トイレに間に合わなかったり，服を汚してしまったりと，失敗してしまうことがあります。保護者の立場からすると，あせりが募って叱りたくなることがあるでしょう。しかし，子どもを叱ってもいいことは何もありません。叱られたことだけが印象に残り，トイレトレーニング自体が嫌になってしまう子どもがいます。失敗してしまったとしても，決して叱らず，新しい服に着がえるなど，次に子どもがどうすればよいのかを伝えてください。

新しいズボンに着替えます

Q トイレでおしっこをするようにはなりましたが，うまく便器のなかに排泄できず，床をぬらしてしまうことがあります。どうしたらよいのでしょうか。

A トイレでおしっこができるようになったものの，便座の座り方や便器の前に立つ場所が悪いために，床がぬれてしまうことがあります。これはどのあたりに座って（小便器の場合には立って）排泄をすればよいのかが，わからないために起こります。立つ場所，座る場所をわかりやすくするために，トイレの床にビニールテープで足型を示す，男性用の小便器の場合ならおしっこをする位置に的となるシールを貼る，といった工夫をしてみてください。

4 食事の途中で立ち歩く

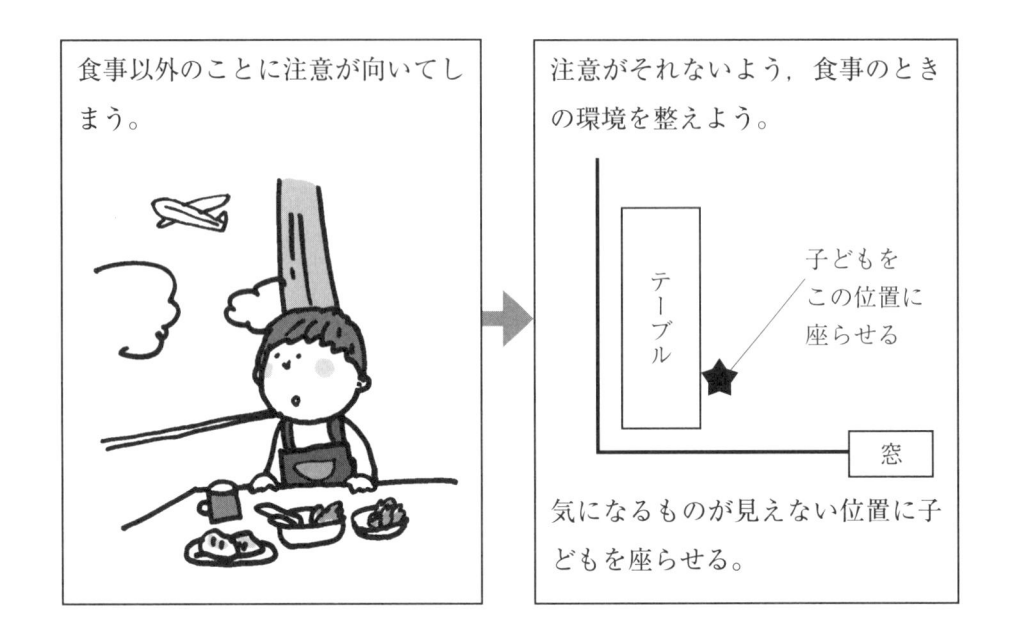

食事以外のことに注意が向いてしまう。

注意がそれないよう、食事のときの環境を整えよう。

気になるものが見えない位置に子どもを座らせる。

　テレビの音が気になったり、窓の外に見える景色や部屋のなかにあるおもちゃが気になるなど、食事以外のことに注意が向いて、それを見にいきたくなり、つい立ち歩いてしまう場合があります。この場合には、食事に集中できる環境を整える必要があります。

　具体的には、おもちゃなど、食事のときに必要のないものは、無地の布で覆い隠す、食事のときにはテレビを消す、廊下や窓に背を向けた位置に座らせるというような工夫をします。

17章　子どもの困った行動にどう対応したらよいか

いつまで食事の時間が続くのかの見通しをもてず，勝手に立ち歩いてしまう。	いつになったら食事が終わるのかの見通しをもたせよう。
どこに行くの？	長い針が12になったらごちそうさまをします
	食事の終わる時間を示して，見通しをもたせる。

　発達障害のある子どもたちはものごとがいつまで続くのかを予測することが苦手です。そのため，「終わり」を示さないと，子どもはいつになったら食事が終わりになるのかがわからず，勝手に食事を終えて，立ち歩いたり遊び始めたりしてしまいます。

　この場合には，見通しを示すと行動しやすくなります。食事の進み具合を見て，「○分になったら，ごちそうさまをします」と声かけをして，「終わり」がいつなのかを示します。また，食事が終わったら好きな遊びができるようにしておいて，「ごはんの後にゲームをします」などと絵カードで示すことも有効です。

第3部 子どもの問題への対応方法

| もともと食べる意欲がないため、食事が嫌になり、立ち歩いてしまう。 | 食べることと楽しいことをセットにして、食べる意欲がわくようにしよう。 |

「あと3口ごはんを食べたらデザートが食べられる」というように、食べる意欲をもたせる。

　発達障害のある子どものなかには、もともと食べることにあまり興味がない子どもがいます。好きなものだけは意欲的に食べるけれど、それを食べてしまったらほかのものは食べずに食事を終えようとしてしまいます。

　ごはんをあと3口食べたら、その子が好きなデザートを食べてよい、といったことを伝え、食事と楽しいことをセットにして、食べることに対する意欲がわくようにしてください。どうしても1回の食事で少ししか食べられない様子であれば、1回に食べる量を減らして食事の回数を増やすことで量を補ってもよいでしょう。

17章　子どもの困った行動にどう対応したらよいか

Q 自分の分だけではなく，まわりの人の分まで食べてしまう子どもにどう対応したらよいのでしょうか？

A 自分の食べる分や自分のものと他者のものの区別ができていない場合に，まわりに座っている人の分まで食べてしまうということがあります。

　このような場合には，自分の食べる量がはっきりわかるように，ランチョンマットやトレーを使って，「そこにのっているのが○○ちゃんの分」であることを教えます。

「黄色のトレーのなかにあるのが○○ちゃんの分よ」

Q 食事のときに嫌いなものを口から吐き出したり，嫌いなものを床に落としたりといった困った行動をしてしまう子どもに，どのように対応したらよいのでしょうか？

A ことばで表現することが苦手な子どもの場合に，食べたくないという意思表示の代わりとして，吐き出したり，床に落としたりするという行動をしてしまうことがあります。

　このような場合には，残し方を教えるようにします。残したいものを入れるお皿やトレーを決めて，残したいものがあればそこに入れるというルールをつくります。

　また，お皿に乗っているものはすべて食べなくてはならないと思ってしまう子どもがいます。食べ物をよそうときに，子どもに減らすかどうかを確認し，減らしてほしいという意思表示をしたら少し減らし，本人が納得できる量をよそうようにします。ほんの少しであっても，自分で決めた量を食べられたらほめてください。

第3部　子どもの問題への対応方法

5　話（指示）を聞けない

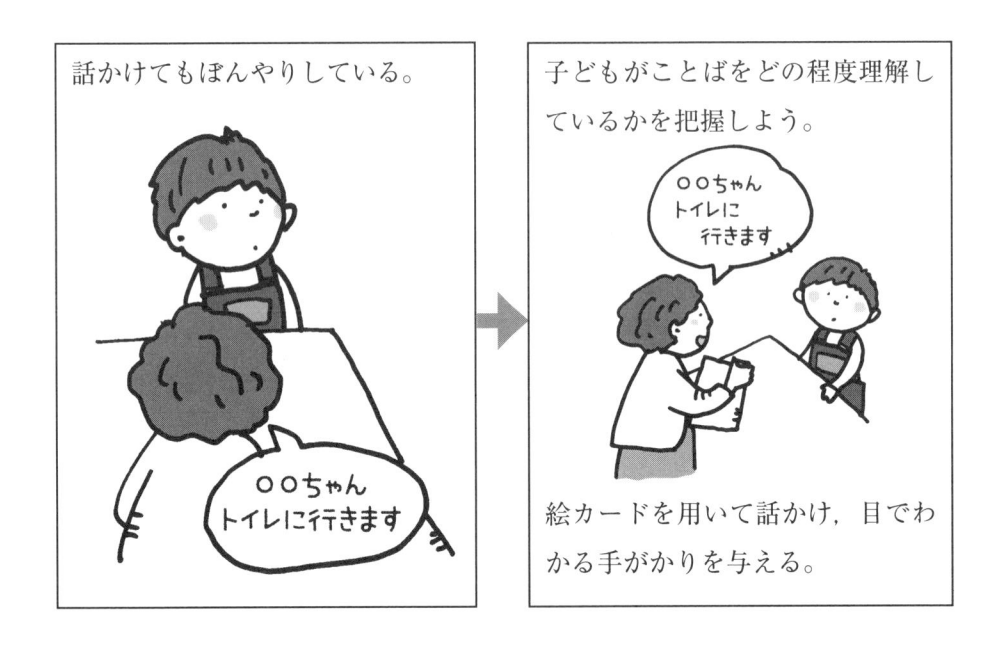

話かけてもぼんやりしている。

○○ちゃん　トイレに行きます

子どもがことばをどの程度理解しているかを把握しよう。

○○ちゃん　トイレに行きます

絵カードを用いて話かけ，目でわかる手がかりを与える。

　ことばには，相手が言ったことを聞いてわかる「理解言語」と自分の考えていることをことばにして表現する「表出言語」があります。話を聞けない子どものなかには，理解言語の発達が遅れているケースが多いのです。大人は，子どもがどの程度のことばを話せるかに関心を向けがちですが，コミュニケーションをとったり，何かを考えたりするためには，どの程度のことばを話せるかということよりも，どれぐらいの理解言語があるかということのほうが重要です。まずは，子どもがどの程度のことばを理解できているのかを注意深くみてください。

　そのうえで，子どもが理解しにくいことばは，絵カードや実物などを見せながら，話すようにします。目で見てわかる手がかりがあると，子どもはことばを理解しやすくなり，徐々にことばを聞いただけでも保護者が何を伝えようとしているのかがわかるようになります。

17章　子どもの困った行動にどう対応したらよいか

| 複数のことを言われると、覚えられない。
「手を洗って うがいをして 通園カバンから タオルを出して…」 | 1つできたら次の指示をするようにして、一度に複数のことを言わないようにしよう。
「手を洗います」
一つひとつの指示も、できるだけ短いフレーズで話す。 |

　一度にいくつかのことを言われると、すべてを覚えておくことができない子どもが多くいます。最初に言われたことは覚えてできるけれども、それをし終えたら、次に何をしたらよいのかがわからなくなってしまう子どもや最後に言われたことしか記憶に残っていない子どもがいます。

　このような子どもには、1つできたら次の指示をするようにして、一度に複数のことを言わないようにしてください。また、できるだけ短いフレーズで話をします。これによって、何を言われているのかがはっきりして、子どもは行動しやすくなります。

　つまり、子どもに対する指示は、つねに「はっきり、短く、具体的に」です。

第3部　子どもの問題への対応方法

声をかけても，こちらを見ない。	子どもの正面から声をかけ，こちらに注目した後に指示を出そう。
〇〇ちゃん	〇〇ちゃん　ママを見ます
	子どもの名前を呼び，まずはこちらを見るように促す。

　「いくら声をかけても（子どもが）こちらを見ようとしない」と怒る保護者がいます。しかし，わざと保護者の声かけを無視しているのではなく，周囲から聞こえる音を選択的に聞き分けることが苦手であるため，後ろや横から声をかけられても，自分に話しかけられていることがわかりません。そのため，結果的に何度，声をかけられても，保護者の話を聞くことができないのです。

　このようなタイプの子どもと話をするときには，子どもの正面から声をかけ，保護者に注目させた後に指示を出してください。子どもがおもちゃで遊んでいたり，絵本を見ていたりするときには，子どもの名前を呼び，手を休めて保護者を見るように促してから話すようにしてください。

● 補足説明 ●

■絵カードを使ってみよう

　絵カードとは，コミュニケーションを補助するために用いるイラストや写真のことです。これまでにも書きましたが，発達障害のある子どものなかには，ことばを聞いただけでは，何を言われているのかがわからなくても，視覚的な情報があると，理解できる子どもが多くいます。実物を子どもに見せることができない場合に，絵カードが役に立ちます。たとえば，公園に行く前に，いつも行く公園の写真や公園の遊具が描かれているイラストを子どもに見せると，「公園に行く」ことが子どもにわかりやすくなります。

　また，相手にことばで要求することができない子どもがコミュニケーションをとるときにも絵カードが有効です。たとえば，子どもが絵本を出してほしい場合に，保護者に「絵本」の絵カードを見せれば，絵本を出してもらえるようにするのです。相手に絵カードを見せることによって，確実に自分の要求が伝わることがわかり，子どもはさらに相手とコミュニケーションを図ろうとします。

　なお，保護者が絵カードを用いて指示をするときも，子どもが絵カードを示して要求するときも，無言でカードを出したり，無言でその要求に応じるのではなく，必ず簡単なことばかけ（「公園に行きます」「絵本がほしいのね」など）をしてください。

　また，幼稚園や保育所と家庭で同じ絵カードを使用することが望ましいのです。園と家庭で異なったイラストが描かれている絵カードを見せられても，子どもは同じものを示していることがわからず，混乱してしまいます。園ですでに絵カードを使用している場合には，担任の先生と相談して，同じものを使用するようにしてください。

6 自分勝手に話す

相手が嫌がっているのに，自分に興味のある話を一方的にする。 「〇〇レンジャーは△△なんだよ」	どう声をかければよいのかのモデルを示そう。 「『一緒にお山作ろう』って言ってごらん」 子どもはまねをしながら，相手とかかわる方法を学んでいく。

　相手が嫌がっていても，自分に興味のある話を一方的にしてしまう子どもがいます。その子どもは，相手の気持ちや表情を読みとることが苦手であるため，「相手が嫌がっている」という自覚がなく，自分勝手と思われるような発言をしてしまうのです。家庭では，子どもが一方的に話をしていても，大人がその話に耳を傾けることが多いので，とくに問題にはなりません。しかし，同年齢の子どもたちからは，なかなか受け入れられず，遊びに入れてもらえないことが出てきます。

　このような子どもは，相手と遊びたい，話をしたいという思いをもっていますが，どのようにかかわればよいのか，どのように話をすればよいのかがわかっていません。そのため，相手にどう声をかければよいのか，遊べばよいのかを保護者が子どもの前でモデルとなって示してください。その姿を見て，子どももまねをしながら相手とかかわる方法を具体的に学んでいきます。

17章　子どもの困った行動にどう対応したらよいか

| 時と場所に関係なく，衝動的に話し出す。 | 話してもよい時間と話してはいけない時間を決めよう。 |

ルールを決めて，その状況の前に確認をする。

　何かが頭に浮かぶと，話したいという衝動を抑えられず，つい話し始めてしまう子どもがいます。

　そのような子どもには，話してもよい時間と話してはいけない時間をはっきりと決めましょう。たとえば，「病院の待合室」「エレベータのなか」「みんなでテレビを見ているとき」など，話してはいけないときや場所を決めます。その場に行く前，その状況になる前に，子どもと「ここでは話をしてはいけない」ルールを確認します。また，家族のなかでも，「誰かが話をしているときには，ほかの人は相手の話を聞く」というルールをつくり，子どもが勝手に話し始めたら，「今はパパが話をしているときです」などと伝え，聞くことを促します。

　子どもが少しでも静かにしていたら，ほめてください。また，その子どもが話し出そうとするときに，タイミングよく「○○くん，静かにできているね」などとほめることも有効です。ほめられたいという気持ちから，しゃべりたいという衝動をコントロールすることが徐々にできるようになります。

第3部　子どもの問題への対応方法

興奮すると，状況を判断できずに話し始める。

「静かにする」というサインを出し，子どもに気づかせよう。

○○くん話しません

静かにできたら，ほめてあげる。

　落ち着いているときには，「静かにしなくてはいけない」ことがわかっていますが，興奮すると，「今は何をするときであるのか」という状況を適切に判断することができないために，自分勝手に話し始めてしまう子どもがいます。つまり，「今，自分は話すべきではない」ということがわからなくなってしまうのです。

　静かにしなくてはならないときに子どもが話し始めてしまったら，絵カードなどを使用して，「静かにする」ことに子どもが気づけるようにサインを出してください。サインに気づいて，話し出さなかった場合には，「静かにしていられたね」などと，大いにほめてください。

17章　子どもの困った行動にどう対応したらよいか

Q うちの子どもは，答えがわかっているのに，一方的に何度も同じ質問をしてきます。どのように対応したらよいのでしょうか？

A 不安や緊張が高まったときに，気持ちを落ち着かせようとして，一方的に同じ質問を繰り返します。はじめての場所に行ったり，いつもとは違うことをしたりするなど，変化がある場合に出やすいのです。

　このような子どもには，叱ってやめさせようとしてはいけません。強く叱ることで，より不安や緊張が高まってしまい，パニックを引き起こすことにもなります。日常生活に支障がない程度に子どもに同じ答えを繰り返してあげます。そうすることで子どもは安心します。一方で，子どもの不安や緊張の原因は何かを見つけ出し，それを取り除くためにはどうしたらよいかを考えてください。

Q うちの子は，ずっとおしゃべりを続けています。子どもの話をさえぎらずに，聞いてあげたほうがよいのでしょうか？

A 話をしてよいときと話をしてはいけないときをはっきりさせ，話をしてはいけないときには「おしゃべりをしない」というルールを徹底してください。もちろん，話をしてよいときには，子どもの気持ちを満たせるように，保護者は子どもの話を聞いてください。

　ただし，話を聞くときにも「時計の長い針が3になるまで聞くね」「この砂時計の砂が落ちるまで話そうね」などと先に時間を区切っておいてください。そうすれば，約束の時間になったら，話を切り上げるというルールを子どもは学んでいくことができます。

7 うそをつく

空想と現実の世界の区別がつかず，空想を事実と思って話す。

「幼稚園に〇〇マンが来て一緒に遊んだんだよ！」

まずは，うその裏に秘められている子どもの願望や思いを受けとめよう。

「〇〇マンは幼稚園に来れなかったらしいよ　〇〇マンに会いたかったね」

事実との違いをやさしく指摘するぐらいにとどめる。

　空想の世界と現実との区別があまりついておらず，頭のなかに浮かんだことが事実であると思ってしまう子どもや，ことばを聞いたときに頭に浮かんだことが事実であると思いこみ，結果的に現実と異なることをしゃべってしまう子どもがいます。「自分の幼稚園に〇〇が来てくれるといいな」という願望から，家に帰って，「今日，幼稚園に〇〇が来たよ」と話してしまったり，友だちのAちゃんが「昨日，パパと買い物にいった」と話していたことを聞いて，「買い物に行ったら△△を買う」という映像が頭に浮かんで，「Aちゃんは△△を買ってもらった」と言いふらしてしまったりするのがその例です。

　そのような子どものうそに対して，頭ごなしに叱ってはいけません。まずは，うその裏に秘められている子どもの願望や思いを素直に受けとめてください。そのうえで，事実との違いを指摘するぐらいにとどめるとよいでしょう。

17章 子どもの困った行動にどう対応したらよいか

| 自分を正当化するために，うそをつく。 | うその背景にある子どもの気持ちをくみとろう。 |

「だって○○ちゃんがぼくに意地悪したから」

子どもの言い分をていねいに聞く。

　また一方で，大人から責められることを恐れ，自分を守るためにうそをつく子どもがいます。このことは，叱られたくない，失敗したくない，認めてほしいという思いが背景にあります。いつも叱られてばかりいる子どもに，この行動がよくみられます。

　このような子どものうそに，大人が頭ごなしに叱ると，子どもは言い訳のために，さらにうそを重ねることになります。叱る前に，子どもの言い分をていねいに聞き，うその背後にある子どもの気持ちをくみとって，「○○したかったんだよね」などと，ことばにして子どもの気持ちを代弁してください。子どもは，自分の気持ちを保護者にわかってもらえていると感じれば，このようなうそをつかなくてすみます。

第3部　子どもの問題への対応方法

大人の気持ちをひくために，わざとうそを言う。	うそに対して反応しないようにしよう。
「ママ 車がないよ」	「ママ 車がないよ」 叱ったり，つきあったりせず，反応しないようにする。

　自分に関心を向けてほしいときに，大人を驚かせたり，世話をやいてもらうためにわざとうそを言う子どもがいます。このように大人の気持ちをひくためにわざと行動をすることを「お試し行動」といいます。

　子どもが保護者の気をひこうとして，わざとうそをついている場合には，子どもの相手をしないでください。叱ったり，驚いたりすることも，相手をしていることになります。そのように対応していると，「うそをついているあいだは，ママは自分のほうを向いてくれる」と感じて，うそをつくことをやめません。うそをついても，自分に得になることがないと子どもが感じられるようにふるまってください。

　一方で，うそをつかなくても，大人が関心を向けてくれることを子どもが感じられるように，子どもがうそをついていないときに，スキンシップをしてください。1日に10分でもいいので，しっかり話を聞く時間をもったり，朝，必ず子どもを抱きしめて，「あなたのことが大好きよ」と言ったりすることで，子どものお試し行動が減っていきます。

● 補足説明 ●

■お試し行動とは

これまでにも説明したように，相手が自分に関心を向けるように，わざと相手を驚かせたり世話をやかせたりすることを「お試し行動」といいます。この行動は，自分のことを見てほしい，認めてほしいという気持ちがあるために起こります。弟や妹が生まれた後にお試し行動が始まる子どもは多くいます。弟や妹が泣いているときにかぎって，わざと牛乳をこぼしてみるなど，大人にかまってもらおうとします。

まずは，子どもがお試し行動をしなくてもすむように，日頃から子どもにうなずき，認めてあげること，「あなたのことが大好きよ」というメッセージを伝えていくことが必要です。弟や妹に手がかかって大変な時期であっても，1日に数分でもいいので，その子どもを優先する時間を設けてください。

それでも，お試し行動が現れてしまった場合には，お試し行動に対していっさい反応をしないようにします。お試し行動をしている子どもに注意する，困った顔をするなどの反応をすると，子どもは相手が自分をかまってくれているととらえます。その行動がよくないことであると子ども自身がわかっていても，相手が応えてくれることから，その行動をやめることができません。むしろ，相手から何も反応がなければ，その行動を起こしても何も得られないことを学習し，自分からやらなくなっていきます。

第3部　子どもの問題への対応方法

8　同じ絵本ばかりを読んでいる（新しい絵本を好まない）

| 自分の気に入っている本以外に興味や関心をもてない。 | 子どもが関心をもっているものに関連した絵本をすすめてみよう。 |

「この絵本読もうか」

「どの電車の絵本　読もうか？」

子どもが関心をもっているものを使う。

　発達障害のある子どもが同じ絵本を読む理由の1つに，乗り物，動物，昆虫などの特定のものに強い関心があったり，絵本に出てくるフレーズが気に入っていることがあげられます。

　まずは，子どもが絵本のなかの何を気に入っているのかを探ってください。そのうえで，子どもが関心をもっているものを活かして，それに関連した内容や似たようなものが登場する絵本をすすめてみます。お気に入りの絵本に近い内容の絵本からはじめて，少しずつ子どもの興味や関心を広げていきましょう。たとえば，電車が登場するある特定の絵本が好きな子どもには，お気に入りの絵本と似たような電車が登場する別の絵本に誘ってみましょう。

　また，好きな絵本を読んでいるときに，ほかの絵本を読もうと誘っても子どもは関心を示しません。好きな絵本を読み終わってから，ほかの絵本を読んでみようと提案します。

17章　子どもの困った行動にどう対応したらよいか

絵本の内容を想像できない。	絵本のなかに子どもの好きな内容が入っていること紹介しよう。
(イラスト：子どもたちが絵本を見ている)	(イラスト：「この本の中にね」と話す大人と子ども) 子どもが想像しやすく，興味をもてるようなことばをかけて，絵本のなかに興味をもてる内容があることを伝える。

　これまでの生活において絵本を読む経験が少なかったり，限られた絵本しか読んでこなかったり，想像力が育っていなかったりするために，目の前にある絵本にどのような楽しさがあるのかがわからない子どもがいます。
　このような場合には，まずは絵本に誘う際に，絵本の中身の楽しさを伝えていきます。表紙やなかの挿絵を見せながら，「〇〇くんが好きなゾウさんが出てくるよ」とか「〇〇くんと同じように，クマが楽しそうにお風呂に入っているよ」など，子どもが想像しやすく，興味をもてるようなことばをかけます。

111

新しい絵本のなかに出てくることばがわからないために、ストーリーを楽しむことができず、内容を知っている絵本を読み続けようとする子どもがいます。

このような場合には、ことばよりも絵を多用している絵本や日常生活のなかでよく使うことば（果物や動物の名前など）が出てくる絵本を読むことから始めましょう。また、ことばの繰り返しのある絵本や、「ガタンゴトン、ガタンゴトン」のような文章中のフレーズで身体を動かして遊ぶことのできる絵本も取り入れてください。「○歳向け」などの表示にとらわれず、子どもが理解できる内容の絵本を選ぶと、ことばに対して苦手意識をもたないようになります。

絵本を読む際に、子どもにことばを教えようとしてはいけません。子どもが「絵本を読むことが楽しい」という気持ちになることが大切なのです。

● 補足説明 ●

■落ち着いて絵本を読める環境を作ろう

　発達障害のある子どものなかには，周囲のことが気になって目の前のことに集中できないという特性のある子どもがいます。部屋のなかのおもちゃが気になったり，まわりの人が気になったりして，読もうとしている絵本以外に注意が向いてしまうのです。絵本を読む前に，絵本以外のものが子どもの視界に入らないようにしたり，静かな場所を選んだりして，環境を整えていきましょう。

　具体的には，おもちゃなど必要のないものを片づけたり，子どもの視界に入るものは無地の布などで隠したり，人のいる場所に背を向けて座らせたりするなどの工夫をします。

Q 子どもは絵本に登場している人物の気持ちや状況がわからないようです。なぜなのでしょうか？

A 発達障害のある子どものなかには，相手の立場になって考えることが苦手であるという特性のある子どもがいます。このような子どもは，絵本のなかの登場人物の気持ちや状況がわかりません。

　そのような場合には，子どもにとってイメージしやすい具体的な場面のある絵本を取り上げて，「このとき，登場人物はどういう気持ちなのか」を教えていくことが必要です。たとえば，男の子が友だちに大切な物をとられてしまうような場面が出てくる絵本を活用して，「こんなことをされたら嫌だね」など登場人物の気持ちや状況について一つひとつを教えていくのです。

　なお，「プレゼントをもらってうれしい気持ちになりました」「お母さんに叱られて悲しくなってしまいました」など，「～だから～である」というようなはっきりとした関連性のあるものを読むことから始めるとよいでしょう。

第3部　子どもの問題への対応方法

9　水遊びをやめられない

水から受ける刺激が好きで，水遊びをやめない。	水遊び以外の，子どもにとって心地よく楽しい遊びに導こう。
	くすぐり遊びや高い高いなどの身体を使った遊びから始める。

　水をさわった感触や光が当たってキラキラと反射する感覚が好きで，水遊びをやめられない子どもがいます。これは自己刺激行動といいます。強く叱っても，それ以外に楽しい感覚をもつ遊びがあることを子どもがわからなければ，水遊びは続いてしまいます。

　その子どもが心地よく楽しいと感じられるようなほかの遊びに導いてください。くすぐり遊びや高い高いなどの身体を使った遊びから始めると，子どもは心地よさや楽しさを感じやすいでしょう。

17章　子どもの困った行動にどう対応したらよいか

水遊びをやめさせると，泣き叫んで続けようとする。

「もうおしまい」

→

水遊びをする前に「終わり」を予告しよう。

砂時計やキッチンタイマーなどを活用して，「いつやめるのか」を目で見えるかたちで示す。

　発達障害の子どものなかには，今やっている行動を切り上げることが苦手な子どもがいます。とくに，好きな水遊びはいつまでもしていたいため，なかなかやめることができません。保護者が「もう，おしまい」と，蛇口をひねって水を止めても，泣き叫んで続けようとしてしまうことがあります。つまり，いつになったらやめなくてはならないのかがわからず，保護者から突然，終わりを告げられても，自分の気持ちをコントロールできないのです。

　このような子どもには，いつになったら「終わり」なのかがわかるように，遊び始める前にルールをつくり，予告をしておく必要があります。砂時計やキッチンタイマーなどを活用して，事前に「いつになったらやめるのか」を目で見てわかるかたちで示しておきます。心づもりができれば，終わりの時間がきても，気持ちを切り替えやすくなります。

第3部　子どもの問題への対応方法

Q 水遊びをやめさせると，子どもが泣き叫ぶので，つい続けてしまうことがあります。それはいけないことですか？

A 水遊びにかぎらず，「子どもがぐずったために仕方なく続けてしまった」という対応はよくありません。なぜならば，子どもはぐずれば，好きなことをやらせてもらえると学習してしまうからです。「この時間になったら終わり」というルールを決めたら，どんなことがあっても「終わりにする」ことを徹底してください。

● 補足説明 ●

■魅力的な遊びには，面倒な手間をかけることも有効

　水遊びは子どもにとって魅力的です。真冬でも，全身をぬらして遊んでいる子どももいるほどです。

　どうしても水遊びをやりたがる子どもには，「面倒な手続きをしないと遊べない」という，子どもにとって面倒なルールをつくってください。たとえば，水遊びをする前にはレインコートを着て，長靴をはかなくてはならない，水遊び用の服に着替えなくてはならないなどです。もちろん遊び終えた後にも，着替えなくてはならないという手続きがあります。

　「手軽にできるものではなく，面倒なことをしなくてはできない」と子どもが学習すれば，いつもやりたいという気持ちを抑えることができます。

（吹き出し：水遊びをする時はレインコートと長ぐつをはきます）

17章　子どもの困った行動にどう対応したらよいか

● 補足説明 ●

■終わりの時間を示すための道具

　幼稚園や保育所では，子どもたちに時間の感覚を身につけさせるために，時計を使うことがあります。子どもが通っている園で，時計を教えているのであれば，家庭でも時計を活用しましょう。

　子どもが数字を読める場合には，「時計の長い針が6になったら終わりです」と告げておくと，自分で時計の針を気にしながら遊ぶことができるようになります。また，子どもが数字を読めない場合には，終わりの時間の数字の上に大きなマークを貼っておき，そのマークのところに針が来たら終わりにするようにします。

　また時計以外に，砂時計やキッチンタイマーも，残りの時間を子どもに示すのに有効です。とくに砂時計は，砂が落ちていく様子を目で見て確認できるので，いつになったら終わりであるのかの見通しをもちやすいのです。

　そのほかに，残り時間がどれくらいあるのかを目で見て確認できる道具が市販されています。タイムタイマーという商品は，残りの時間を赤色で表示してくれる時計です。赤色の部分が減っていき，なくなったら終了です。目で見て確認できるという利点があります。なお，タイムタイマーと同じ役割をするアプリ（Lotus）がiPadやiPhoneにあります。

時間が経つと，赤色の面積が減っていきます。赤色がなくなったら終了です。

長い針がゾウさんに来たらおわりです

タイムタイマー

第3部　子どもの問題への対応方法

10　危険なことをする（高いところにのぼってしまう）

> どのようなことが危険なのかがわからない。
>
> 降りてきなさい！！

> 危険な場所に「×」「のぼりません」などのカードを貼ろう。
>
> してはいけないことを見てわかるようにしておく。

　発達障害のある子どもは，どのようなことが危険なのか，なぜいけないのかを理解していない場合があります。つまり，高いところから落ちるとけがをするかもしれない，熱いものをさわるとやけどするかもしれないなどと危険を想像できないのです。

　のぼってはいけない場所やさわってはいけない場所には「×」や「のぼりません（さわりません）」などと書かれたカードを貼っておき，してはいけないことが見てわかるようにしてください。そのうえで，子どもが危険な行動をしそうになったときには，そのカードをさして，「のぼりません」「さわりません」などのことばをかけて，やってはいけないことを繰り返し教えていきます。

高いところにのぼるのが好き。

ほかの楽しい遊びに導こう。

ほかの遊びで、心地よさや楽しさを感じさせる。

　発達障害のある子どものなかには、高いところにいる感覚を好む子どもがいます。高いところにいることによって感じる刺激が心地よいのです。一種の自己刺激行動（121ページ参照）といえます。

　まずは子どもが高いところにのぼれないように、足場になるものを取り除きます。また、単に高いところにのぼらないように教えても、子どもはほかの遊びに心地よさや楽しさを感じなければ、刺激を求めて高いところにのぼろうとしてしまいます。身体を動かす遊びやくすぐりなど、その子どもが「楽しい」「心地よい」と感じられるようなほかの遊びに導いてください。高いところにのぼらなくても、楽しい遊びがあることがわかるようになれば、高いところにのぼらなくてもすみます。

第3部　子どもの問題への対応方法

| 大人の気持ちをひくために，わざと高いところにのぼる。 | 手を広げて受けとめる体勢をとり，「降ります」と静かに声をかけよう。 |

できるだけ冷静にふるまい，大げさに対応しない。

　お試し行動の1つとして，大人の気持ちをひくためにわざと高いところにのぼる子どもがいます。そのような子どもに対して，大きな声で「降りてきなさい」「危ないでしょ」などと叫んだり，両親ともにオロオロしてしまうと，本人は大人の反応を楽しんでしまい，その行為をやめません。保護者が手を広げて受けとめる態勢をとり，「降りてきていいよ」と静かに声をかける程度にしてください。できるだけ冷静にふるまい，大げさに対応しないことが大切です。

　また，普段の生活のなかで，子どもが保護者にみてもらっている，ほめられていると感じていれば，わざと高いところにのぼる必要はなくなります。普段から，その子どものできたことをほめて認めるようにしてください。

17章 子どもの困った行動にどう対応したらよいか

● 補足説明 ●

■自己刺激行動とは
　発達障害のある子どものなかには，手をひらひらさせる，ぐるぐる回り続ける，光の反射を見続けるなど，ある一定の行動を続ける子どもがいます。このような行動は，「自己刺激行動」といいます（つねに同じ動きを繰り返すことから，常同行動の1つであるといわれています）。ある行動から受ける刺激が心地よいために，その刺激を受け続けようとして繰り返すのです。
　自己刺激行動は，不安や緊張が高まったとき，何をしたらよいのかがわからないときによく起こります。つまり，自己刺激行動をすることによって，子どもは気持ちを落ち着かせているのです。まわりの人に迷惑でなかったり，自分に害がなかったりするようであれば，黙認してください。しかし，高いところにのぼるなどの危険な行為の場合には，ほかの心地よい遊びに移行するようにします。

Q 棚の上にのぼらないように教えたら，棚にはのぼらなくなりましたが，別の高い場所にのぼってしまいます。どうしたらのぼらなくなるのでしょうか？

A 発達障害のある子どもは，応用がきかない場合が多いのです。教えられた場所にはのぼってはいけないことを学習しても，別の場所はのぼってもよいと思っていることが考えられます。のぼってはいけない場所は，1つずつ「ここもダメ」「あそこもダメ」と伝えていかなくてはなりません。1つずつ，ゆっくり学習していくと思ってください。

第3部　子どもの問題への対応方法

11　手先が不器用

指先をうまく使えない。

大きな道具やおもちゃを使わせたり，補助具をつけたりしよう。

子どもがつかみやすいように工夫する。

スポンジで，スプーンのグリップを太くしている

　発達障害のある子どものなかには，身体をうまく動かす働きの発達が遅い子どもがいます。そのため，腕をのばしてバンザイをしたり，手でつかんだものを離すというような「粗大動作（大きな動き）」だけでなく，指先を使う「微細動作（細かな動き）」が苦手であり，小さいものをうまくつかめないことがあります。

　このような場合は，日常生活で使う道具やおもちゃのサイズを大きくしたり，補助具をつけてつかみやすくなるように工夫してみましょう。たとえば，大きなサイズのブロックや，やわらかい素材でできたブロックはこのような子どもにも，つかみやすくなります。また補助具は，市販されているもののほかに，マジックテープやカーペットがずれないようにするすべり止めシートを，道具に合わせて切って巻きつけることで，子どもがつかみやすいようにつくることができます。

17章　子どもの困った行動にどう対応したらよいか

| 筋力や体力不足で、姿勢を保てない。 | 子どもが正しい姿勢で座れるように工夫しよう。 |

　発達障害のある子どもは、筋力が弱かったり、体力が十分に備わっていなかったりするために、姿勢を保つことがむずかしいことがあります。腕や手を動かすためには、よい姿勢を保つことが大切です。いすに深めに座り、腕が机の上にしっかりとのる姿勢で作業ができないと、手元がよく見えず、道具がうまく使えないことがあります。また、注意が散漫になり、集中して作業することができなくなってしまいます。

　このような場合は、いすに工夫をして、子どもが正しい姿勢で座れるようにしてみましょう。たとえば、子どもがいすに深く座れるように、いすのどこに座ればよいかをシールで示したり、ずり落ちないようにすべり止めマットを座面に敷いてみてください。背もたれと背中のあいだにクッションを入れると姿勢を保ちやすくなります。

　机の高さは、座った状態でひじより少し高くなるくらいがよいでしょう。また、足元を安定させるために、足をのせるための台を置いたり、いすが動かないようにゴムキャップをいすの脚にはめることも有効です。

第3部　子どもの問題への対応方法

指だけをうまく動かすことができない。

手首を安定させて、指を使う動きをさせる。

ジッパーの開閉や指人形などを使って、手首を安定させて指をつかうように促そう。

　発達障害のある子どもは、ぬりえのような決められた線のなかに色をぬる作業や、小さな枠にシールを貼ったりする作業がむずかしいことがあります。細かな作業をするためには、手首を安定した位置に保ったままで、指だけを動かすことが必要です。手首がぐらぐらして安定していないと、指の力をうまく調整することができません。

　手首を動かさない状態で指に力を入れる活動を日常生活に取り入れてみましょう。たとえば、ジッパーを開けたり閉めたりするとき、手首の位置は同じです。おもちゃをジッパー袋に入れて、使うたびにジッパーの開け閉めをするようにしてみましょう。また、指だけを動かす指人形も効果的です。最初は、保護者が手首を持ってあげてもかまいません。

　大きめの硬貨や新聞紙を引っ張り合ったり、粘土を指で引っ張って伸ばしたりする遊びをすると、つまむ力もついていきます。

17章 子どもの困った行動にどう対応したらよいか

● **補足説明** ●

■手先の動きは，肩や腕も関係している

「手先が不器用」というと，指先だけの問題であると思われがちですが，身体全体の発達と大きく関係します。一般的に，子どもは大きく身体を使う動きから発達していきます。つまり，指先を動かすためには，まず肩が動かなくてはなりません。そのうえで腕が動き，手のひらでものをさわったりすることが必要です。それができるようになった後に，指を動かすことができるようになっていくのです。したがって，手先の不器用さを改善するためには，指先だけにとらわれず，その前の段階である，肩を動かすことや腕を動かすこと，手のひら全体を使うことを意識して，子どもの身体を動かしてください。

Q 手先の不器用さを改善するために，「家でも指先を使う遊びを取り入れてください」と担任の先生に勧められました。どのようなことをすればよいのでしょうか？

A いろいろなものにふれさせることから始めてみましょう。振ったら音が出るおもちゃや，子どもが興味をもつおもちゃを使ってものにふれる機会をたくさんつくってください。

丸い玉を動かしたり，形合わせしたりするおもちゃは目と手を同時に使って遊べます。粘土遊びは，ちぎったり，丸めたり，伸ばしたりしてたくさん指先を使うことができます。

また，「遊び」の時間にこだわる必要はありません。貯金箱にお金を入れる，おやつをつまんで食べるものにしてみる，ペットボトルのふたの開け閉めをするなど，日常生活でもたくさん指先を使う活動を取り入れてみましょう。

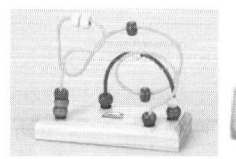

丸い玉を動かすおもちゃ　　形合わせ

第 3 部　子どもの問題への対応方法

12　運動が苦手

身体の動きがぎこちなく，手や足の動きがスムーズでない。	子どもと一緒に，簡単な体操をしてみよう。
	子ども向けのテレビ番組の体操やDVDなどを活用して，体操をしてみる。

　発達障害のある子どもは，自分の身体を客観的にイメージすることがむずかしいことが多いのです。ことばで「右手を肩より上に」と言われても，どこをどうやって動かせばよいのかがわからないために，全体的な身体の動きがぎこちなくなってしまいます。

　このような場合は，身体を動かしながら，動かしている部分を教えていくと効果的です。子ども向けのテレビ番組の体操やDVDなどを活用してみましょう。保護者も子どものとなりで一緒に身体を動かしてください。子どもが動かし方をわかっていないときは，保護者が手を添えて動きの「形」を教えてあげましょう。また，子どもと同じ動きをしながら，「右手をあげて〜」など，動かす部分を言ってあげてください。最初は，うまくまねすることができなかったり，動きが正確でなかったりしますが，身体を動かすことでボディイメージができていきます。

　「声かけ」「ほめて」「繰り返し」が身体をうまく動かせるようになるために必要です。子どもは身体を動かすことが大好きです。保護者と一緒に体操する楽しさがわかると，自発的に身体を動かすようになります。

17章　子どもの困った行動にどう対応したらよいか

バランスがうまくとれず,身体の動きがバラバラになってしまう。

ぶらんこやすべり台など,動きのある遊具を活用しよう。

揺れたり,すべったりする動きを取り入れた遊具を活用する。

　発達障害のある子どもは,どれくらいの力で,どこまで動かせばよいのか,という身体の動きを調節することがむずかしく,全体的な動きがバラバラになってしまうことがあります。たとえば,ボールを投げるときに右手に力が入りすぎて,ボールを下にたたきつけるようになったり,走るときに手と足の動きがバラバラになり,右手と右足が同時に前にきてしまったりします。動きの調節は,身体が傾いたときに,安定させようとする働き,つまりバランスをとることと関係しています。このバランスがうまくとれないために,動きが不安定になり,両足でタイミングよくジャンプできなかったり,走るときにぎこちないフォームになってしまいます。

　このような場合は,ぶらんこやすべり台など,揺れたりすべったりする動きのある遊具で遊びましょう。親子でじゃれながらごろごろまわったり,飛行機やお馬さんごっこをしたりすることもよいでしょう。

　また,バランスボールに座っての上下運動や子ども用のトランポリンも,バランス能力をつける方法として効果的です。

第3部　子どもの問題への対応方法

| 動いているものを目で追いかけられない。 | 動いているものを目で追いかけることに慣れさせよう。 |

ボール、または子どもが好きなおもちゃを使って、動いているものを目で追う遊びをする。

　発達障害のある子どもは、動いているものを目で追いかけることが苦手です。そのため、ボールの行方を目で追ったりすることがむずかしく、どのタイミングで前に手を出せばボールがキャッチできるのか、わからないことがあります。

　まずは、動いているものを目で追いかけることに慣れさせていきましょう。大きく、やわらかいボールや色がはっきりとしたボール、子どもが好きなおもちゃを動かして、「さわったら10点！」などゲーム感覚でやってみましょう。子どもが目で追いかけていることを確認しながら、ときにはさわることができるようにコントロールしてください。子どもが遊びに慣れてきたら、ボールを動かす位置を高くしたり、ボールをちょっと飛ばしてみたりして、空間でボールを追いかける練習をしていきます。徐々に「さわる」から「とる」にステップアップし、正面からボールを投げてみるようにしてみましょう。

17章　子どもの困った行動にどう対応したらよいか

Q まわりの子どもができている運動ができなくて、気になります。発達障害がある子どもは、運動がうまくできるようになるのでしょうか？

A 発達障害のある子どもは、動きを身につけていくスピードが、まわりの子どもとくらべてゆっくりであるという特徴があります。たとえば、縄跳びがとべるようになるまでに、数年かかる子どももいます。

　大切なことは、「できない」とあきらめるのではなく、繰り返し一緒にやることです。嫌がってやらないときは無理やりさせるのではなく、「今日は嫌なんだね。また明日やってみようね」と声をかけましょう。また、縄跳びをヘビのように動かして踏まないようにしたり、電車ごっこをしたり、縄跳びが楽しくなるようにします。「毎日10回やろう」とルールを決めて、終わりがわかるようにすると繰り返し活動することができます。縄跳びをする人を少しの時間じっと見ているだけでも、子どもはイメージをつかんでいます。

　ときには、運動能力以外のことが運動面に影響していることがあります。たとえば、メガネをかけたことでまわりがよく見えるようになり、できる運動が増えることがあります。

　時間は必要ですが、成長とととももにできることが増えていきます。

第3部　子どもの問題への対応方法

13　じっとしていられない

気になるもののほうに行ってしまう。

気になることが目に入らないように，環境を整えよう。

ついたてを立て，子どもが目の前のことに集中できる環境をつくる。

　いすに座っていなければならない場面でも，気になるものがあればそちらのほうに行ってしまうことがあります。

　このような場合には，気が向いてしまう物や音が目に入ったり，聞こえたりしないように環境を整えます。具体的には，子どもが工作やお絵描きをしたり，絵本を読んだりするスペースのまわりについたてを立てて，まわりの気になる物が見えないようにします。窓やドアに背を向けて座り，窓やドアの外が見えないようにするという方法もあります。このように子どもの気が向いてしまうことから意識をそらすことができるようにします。

17章　子どもの困った行動にどう対応したらよいか

動きたい気持ちをおさえられずに動いてしまう。	絵カードを示して,今はどうすべきなのかを気づけるようにしよう。
	「座ります」
	絵カードで,今は座らなくてはいけない場面であることを知らせる。

　もともと「動きたい」「話したい」というエネルギーをたくさんもっている子どもは,座っていなくてはならない場面であっても,動いたり,話したりするのをおさえることがむずかしく,じっとしていられないことがあります。「座っていなさい」と注意を受けても,すぐに立ち上がろうとしてしまいます。

　その場合には,「静かにします」と言って絵カードを見せ,静かにすることに気づかせます。ことばの指示はすぐに消えてしまうので,目で見てわかる絵や文字で示すほうがよいでしょう。

　子どもが絵カードを見て騒ぐのをやめたり,静かにすることができたら,たくさんほめてください。じっとしていられない子どもたちは,動きが目立ってしまうので,幼稚園や保育所でも注意を受けることがどうしても多くなってしまいます。いつも注意されたり,叱られるという状態が続くと,「自分は何をしても叱られる」と感じて,「どうせ自分にはできない」とものごとに挑戦しようとする気持ちをもてなくなってしまいます。ほめられる機会をたくさんつくり,「できた」という気持ちを感じられるようにしてください。

第3部　子どもの問題への対応方法

いつまで座っていなくてはいけないのかがわからず，動いてしまう。

いつまで座っていればよいのかについての見通しを伝えよう。

「シールのところに長い針がくるまで座ります」

絵カードや時計を使って，見通しをもたせる。

　いつまでがまんをすればよいのかがわからないために勝手に立ち歩いしまったり，別の場所に行ってしまう場合があります。

　その場合には，「時計の長い針が8になるまで座っています」などと紙に書いたり，時計のイラストを示したりして，いつまでこの状態が続くのかについて子どもが見通しをもてるようにします。時計が読めない子どもの場合には，時計にシールを貼るなどして，「このハートマークのところに長い針が来るまで座っています」というように，マークを目印にしてもよいでしょう。

17章　子どもの困った行動にどう対応したらよいか

| 何をしたらよいのかがわからない。 | じっとしているあいだに，できることの選択肢を用意して，子どもに選ばせよう。 |

できることを示して，そのなかから選択させる。

　静かにいすに座っていなければならないときに，障害のない子どもは，好きな絵を描く，本を読むなど，時間を過ごす方法を自分で見つけることができます。しかし，発達障害のある子どもの場合，それを自分ですることはむずかしいのです。座っているように言われれば，文字どおりにじっと動かず，座っていなくてはならないと思ってしまいます。「動きたい」という気持ちをがまんしてじっとしていることは，発達障害のある子どもにとって緊張が続くことになります。このような状態が長く続くことは，子どもにとって負担が大きすぎます。

　静かに座っているあいだ，「絵本を読むのとパズルをするのでは，どちらをする？」などというように，選択肢を示して子ども自身に選択させ，それをして時間を過ごすようにすれば，子どもにとって負担なく待つことができます。

第3部　子どもの問題への対応方法

14　迷子になる

後先を考えずに，気になるものごとに向かって行ってしまう。

迷子にならないためのルールを親子で考えて約束しよう。

「デパートのなかではお母さんと手をつなぎます」

「お出かけ前の約束は？」

迷子にならないようにするのはどうすればよいのかを子どもと一緒に考える。

　外出先には，子どもにとって魅力的なものがたくさんあります。衝動性の強い子どもの場合，気になるものがある方向に突進していってしまいます。目的のものしか見ていないので，はっと気づいたときにはどの道を通ってきたのか，家族がどこにいるのかがわかりません。気づいたら自分の知らない場所に来てしまっていて，迷子になっているということになります。

　まずは，家庭のルールとして，迷子にならないように，母親と離れるときには行き先を必ず母親に言う，外で歩くときは母親と手をつなぐなどの約束を決めておき，外出の前には必ずそれを確認して，ルールを守れるように促します。ただし，迷子になった場合を想定して，自分がいる場所がわからなくなったときや家族がどこにいるのかわからなくなったときには，まわりにいる大人に声をかけるなどの対処法を決め，どのように声をかければよいのかを子どもと一緒に練習しておく必要があるでしょう。

17章　子どもの困った行動にどう対応したらよいか

方向感覚が極端に鈍いために，どこにいるのかがわからなくなってしまう。	迷ったときにはどうすればよいのかを子どもと一緒に考えよう。
	先生や友だちと一緒に行くなど，迷ったときの対処方法を子どもと一緒に考える。

　何度も来たことがある場所なのに，そこへ行く途中でいつも迷子になったり，目的地までの行き方はわかるけれど，帰り方がわからないというように，発達障害のある人のなかには極端に方向感覚が鈍い人がいます。このことは，子どもにかぎらず，発達障害のある大人にもよくみられます。

　この場合には，次に迷わないようにするには，どうすればよいのかを子どもと一緒に考えてください。たとえば，毎日通っている幼稚園のなかであっても迷子になってしまう場合は，担任の先生や同じクラスの友だちと一緒に目的地に行くように提案することが1つの方法です。また，「ホールは，職員室の前にあります」などと，子どもが知っている場所を目印にして行くように促してください。

第3部　子どもの問題への対応方法

● **補足説明** ●

■毎日過ごしている幼稚園や保育所のなかで迷子になる場合には？

　前のページにも書いたように，方向感覚が極端に鈍いために，毎日通っている幼稚園や保育所のなかであっても，迷子になってしまう子どもがいます。いつもと違う道を通って教室からホールまで行ったりした場合には，どうやって帰ればよいのかがわからなくなってしまうのです。

　そのような感覚はまわりの大人にはなかなか理解しづらいので，保護者や保育者から「ふざけて迷子になったと言っている」と誤解されてしまうことがあります。また，成長するにつれて，友だちと待ち合わせをしたり，集合場所まで自分で行かなくてはならない機会がだんだん増えてきます。そのときに，道に迷ってしまって時間に間に合わないことが多いと，約束を守らない人だと思われてしまう可能性があります。

　しかし，このような状態になっている子どもは迷いたくて迷っているわけではありません。また，迷っているときにはとても不安な気持ちになっています。保護者は決して子どものことを叱らず，まずは「迷ってしまって怖かったね」と子どもの気持ちを受けとめてください。それからどのようにすれば迷わずにすむのかを子どもと一緒に考えるようにしてください。

✗
子ども：本当に道がわからなかったのに
大人：毎日通っている幼稚園のなかで　どうして迷子になるの！本当はどこかで遊んでたんでしょう！

○
子ども：どうやったらお部屋に帰れるか　わからなくなっちゃったんだ・・・
大人：そうか，わからなくなって不安だったよね　そんなときは　どうしたらいいか　一緒に考えよう

Q うちの子どもは，迷子になっても平気な顔をしています。なぜでしょうか？

A 発達障害のある子どものなかには，もともと人への関心が薄い子どもがいます。ほかの人が何をしていようと自分のしたいことをするという面があったり，母親の姿が見えなくても気にせずに遊んでいることがあります。

子どもにしてみれば，自分の好きなもののあるところに来て，不安を感じることもなく，楽しく遊んでいるのです。子どもが迷子になったことを自覚せずにニコニコと楽しそうにしているので，周囲の大人からみても迷子になっていることに気づかれにくいのです。

こうならないように，外出時は保護者と手をつなぐ，行き先を言わずに勝手に走っていかないなどのルールを小さいうちから教えるようにしてください。あまりに頻繁に迷子になるようならば，GPS付の子ども用の携帯電話をもたせ，保護者が子どもの位置をすぐに把握できるようにしてください。

第3部　子どもの問題への対応方法

15　パニックを起こす

いつもと違うことがあると，大声で泣きわめく。	変更がある場合には予告しよう。「今日は幼稚園の帰りに買い物をします」スケジュール表を用いて，今日は何があるかを伝える。

　パニックとは，発達障害のある子どもの気持ちが不安定になったり，不快な状態が続いたときに，気持ちをコントロールすることができず，大声で泣き叫んだり，手当りしだいに身近にあるものを投げつけたりすることをいいます。

　パニックを起こす原因の1つに，いつもと予定が異なるために，子どもが混乱することがあげられます。同じパタンで行動をすると，次の行動が予測できるので，見通しをもてて安心できますが，予定が変更されると予測ができなくなるからです。

　このような子どもには，1日の予定をスケジュール表にします。出かける前に子どもにスケジュール表を見せ，一緒に今日の予定を確認します。文字を読める子どもの場合には，文字で示します。文字を理解することがむずかしい子どもの場合には，絵や写真を使います。いつもと違う予定がある場合には，スケジュール表で確認しながら，予定変更を伝えます。こうすることで，いつもと違うパタンで行動することになっても，心づもりができ，不安にならずにすむのです。

17章　子どもの困った行動にどう対応したらよいか

自分の思いどおりにならないと，泣き叫ぶ。

「立ちなさい」

「とびはねて あそびたかったのに」

子どもにしてほしくない行動は，遊び始める前に伝えよう。

「飛び跳ねません」

絵カードや○×カードを使って伝える。

　自分の思いどおりにならないと，大声で泣きわめいてパニックを起こす子どもがいます。自分のやりたいことを禁止されたり，母親が自分の思うように動いてくれないなど理由はさまざまです。パニックを起こしているときに，やってはいけないことを子どもに説明しても，子どもは聞くことができません。

　あらかじめ，その場面でやってはいけないことを具体的に伝える必要があります。子どものなかには，話をしただけでは理解することができずに，何度も同じことを繰り返してしまう子どもがいます。そのようなときには，絵カードや○や×の描かれたカードを用いて，伝えましょう。

第3部　子どもの問題への対応方法

　自閉的な傾向がある子どものなかには，感覚が過敏であるため，ある特定の音や大きな音を聞くと，パニックを起こす子どもがいます。一般的にはあまり不快に感じられない音がこのような子どもたちには，耐えられないほどの不快なものに感じられてしまうのです。感覚の過敏な子どものなかには，音のほかに，特定のにおいや自分の肌にふれているものの感触などでもパニックになることがあります。

　子どもがパニックを起こす原因がわかったら，できるだけその原因を取り除くようにします。特定の芳香剤のにおいでパニックを起こす子どもの場合には，芳香剤を替える，洋服についているタグの肌ざわりが原因の場合には，タグを切るようにしてください。

17章 子どもの困った行動にどう対応したらよいか

● **補足説明** ●

■パニックの原因を見つけよう

　子どものパニックには，原因がはっきりわかるものとわかりにくいものがあります。パニックの記録をとることで，どういう状況でどのようなパニックが起きたのかがわかってきます。①～④を記録してください。
　①パニックが起きる前の状況
　②どのようなパニックなのか
　③どの程度の時間でパニックがおさまったのか
　④パニックがおさまったときの子どもの様子
　パニックの原因がわかれば，子どものパニックを未然に防ぐことができます。子どものパニックをやめさせようとするのは無理です。大切なのはパニックを起こさないようにすることです。

Q 子どもがパニックを起こしてしまったときには，どうしたらいいのですか？

A 子どもがパニックを起こしてしまった場合には，子どもがけがをしないように安全を確保し，パニックがおさまるまで静かに見守りましょう。子どもが泣きながら，身近にあるものを投げるといった行動をしている場合には，近くにあるものを片づけます。

　パニックを起こしている子どもに，①～③の対応は望ましくありません。
　①子どもを叱る
　②泣いて暴れている子どもを，押さえつける
　③子どもをなだめて，説得する
　このような対応をすると，パニックを長引かせてしまう可能性があるのでやらないでください。パニックはその子どもがクールダウンをしている時間であるととらえてください。

第3部　子どもの問題への対応方法

16　嫌なことがあると手をあげる

気持ちをことばで伝えられない。	ことばや行動で伝える方法を教えよう。
	○○ちゃんに「かして」って言ってみよう
	状況に応じて，どのようなことばを使えばよいのかを具体的に教える。

　嫌なことがあると手をあげる原因の1つに，自分の気持ちをことばで表現できないことがあります。自分が使っているおもちゃをほかの子どもにさわられたり，自分が使いたいおもちゃをほかの子どもが使っていたりすると，「さわらないでほしい」「貸してほしい」などの気持ちがあっても，とっさにことばが出てこなくて手が出てしまうのです。

　このような子どもには，自分が使いたいおもちゃを貸してほしいときには「貸して」，嫌なことをされたときには「やめて」，仲間に入れてほしいときには「入れて」と言うなど，状況に応じて，どのように表現すればよいのかを教えます。保護者が見本を示して，子どもにまねをさせることが有効です。

　ことばで伝えることがむずかしい子どもには，幼稚園や保育所の担任の先生と相談し，貸してほしいときのサイン，やめてほしいときのサインなどを決めて，子どもが手をあげなくても自分の気持ちが伝わるための表現ができるように促します。

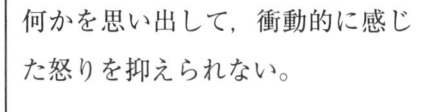

17章　子どもの困った行動にどう対応したらよいか

| 何かを思い出して，衝動的に感じた怒りを抑えられない。 | 怒りを感じたときの対処法を教えよう。 |

怒りを感じたら，どのように対処をしたらよいのかを具体的に教える。

　以前にたたかれたことを思い出して，その相手に衝動的に手をあげてしまう，何か嫌なことを思い出して，思わず近くにいた人を八つ当たりのようにたたいてしまうという子どもがいます。興奮して，頭で考える前に衝動的に手が出てしまうのです。

　このような子どもには，衝動的に誰かに暴力をふるいたくなったら，母親に言いにくるようにする，ぬいぐるみを抱きしめる，身体を動かすなど，怒りをどのように対処したら手をあげずにすむのかを教えます。手を出さないで怒りを対処できたら，「よくがまんできたね」とほめてください。

　叱っているだけでは改善しません。いかに上手にほめるかが，このような行動をなくしていくポイントです。

第３部　子どもの問題への対応方法

| まわりの子どもとのかかわり方がわからない。 | 保護者がモデルを示そう。「入れて！」って言います どのように声をかけたり、遊べばよいのかを保護者が示し、まねをさせる。 |

　まわりの子どもと一緒に遊びたいのに、どのようにすればよいのかがわからず、相手が嫌がる方法をとってしまう子どもがいます。

　遊びに入りたいのに入れない子どもの場合には、保護者が子どもの代わりに「入れて」と言って、子どもにもまねをさせてください。また、遊び方がわからない子どもには、保護者が遊び方を示し、それを子どももやるように促してください。

　何度も保護者がモデルを示して、子どもにまねをさせます。この練習を繰り返した後に、子どもが自分から相手に働きかけられるようにしてみます。

● 補足説明 ●

■家庭内の行動を見直すと，子どもの暴力が減ることがある

　子どもが言うことを聞かないと子どもの頭をたたいたり，夫婦げんかをするときに，怒りを抑えられずに，相手に暴力をふるってしまう保護者がいます。また，きょうだいげんかで，つねに兄姉が弟や妹である子どもに暴力をふるう家庭もあります。
　このように，家庭内で，暴力でものごとが解決されており，子どもがそれを頻繁に見ていると，子どもも嫌なことがあると，すぐに手が出てしまうようになります。「うちの子は乱暴で困っています」と悩む保護者に，子どもに手をあげずに子育てをするように助言して，しばらくすると子どもの乱暴がおさまるということがよくあります。
　まずは，保護者自身が子どもに暴力で言うことを聞かせようとしていないか，夫婦げんかで暴力をふるっていないかを反省してみてください。また，兄姉，祖父母なども暴力でものごとを解決していないかを確かめてください。もし，家庭のなかで暴力が頻繁に起こっていたら，手をあげずに対応する方法をそれぞれが考えるようにしてください。たとえば，夫婦げんかをする際には，暴力をふるうけんかをしないことを夫婦間でルールにしておく，相手に何かを伝えるときには必ずことばで伝えることを家族の約束事にするなどです。そのためには，カラオケに行く，おいしいものを食べるなど，ストレスを解消するための方法をそれぞれが見つけておくことが大切です。

第3部　子どもの問題への対応方法

17　動物を大切にできない

動物の体の一部にしか関心をもたない。

注目する範囲を広げよう。

子どもが関心をもっている部分に関連させながら，興味をもつ範囲を広げる。

　発達障害のある子どものなかには，動物の全体ではなく，ある一部分にしか関心を示さない子どもがいます。そのような子どもは，動物を見るときも動物の目や耳，鼻やひげなど特定の部分や毛色の異なりでできた模様にだけ強い興味や関心を示します。

　この場合には，小さなシール（たとえば，キラキラ光るシール）を実際の動物の耳や鼻，頭や背中，尾などに貼り，子どもに注意を向けさせる範囲を広げます。保護者が動物にシールを貼るところを子どもに見せ，子どもにもシールを貼らせてみましょう。このように，関心がもてる範囲を広げ，手を使う動作を加えることで，動物にブラシをかけるなどの手を使う動作にも関心がもてるようになります。

17章 子どもの困った行動にどう対応したらよいか

手先をうまく使えずに，動物を強くつかんだり，抱けずに落としたりしてしまう。	指先や手の使い方を調節できるように工夫しよう。
	手のひらに入る程度の小物を子どもにぎらせて動物にふれさせたり，抱かせたりしよう。

　発達障害のある子どものなかには，指先を細かく動かしたり，手の力を調整することがむずかしい子どもがいます。そのような子どもは，動物を強くつかんだり，たたいたりしてしまうことがあります。事前に，動物のぬいぐるみを使って，なでたり，抱いたりする活動はあまり効果がありません。

　このような子どもには，手のひらに入るボールなどの小物をにぎりながら動物にふれるようにします。なぜ，このようにするかというと，指の動きが関係するからです。親指と人さし指は物をつまんだり動かしたりする指です。一方，小指と薬指は物を握ったり支えたりする指です。中指は両方の動作を助ける指です。小指と薬指と手のひらでボールなどの小物を握っていると，つかむ動作ができません。そのため，親指と人さし指で動物の毛をつまんだり，なでたりできるのです。

　また，親指と人さし指で小物をにぎっていると，支える指の小指，薬指と手のひらを使って動物をうまく抱くことができます。このように子どもが，指先の動きや力加減を調整できるように工夫してみましょう。

第3部　子どもの問題への対応方法

動物が何を嫌がるのかがわからない。	何をしたら動物が嫌がるのかを一つひとつ教えよう。
	どのように動物と接すればよいのかを具体的に示す。

　発達障害のある子どものなかには，自分以外の人や動物がどう感じているのかを想像することが苦手な子どもがいます。そのため，動物に対しても，動物が嫌がっていることに気づかず，足や尾，耳などを強くつかんだり，蹴ったり，背に乗ったりする危険な行動をすることがあります。

　ウサギの耳を強くつかむなど，動物が嫌がるような行動や動物に危険がおよぶような行動を子どもがしたときには，「耳はつかみません」「背中を手のひらでなでます」というように，その場で，どの行動をしてはいけないか，反対にどうすれば動物がよろこぶのかを具体的に示しましょう。

　また，衝動的に動物が嫌がるような行動をしてしまう子どもがいます。その場合には，動物とふれる前に，「動物と遊ぶ約束」（蹴らない，たたかない，優しくなでるなど）を子どもと確認して，動物を子どもに渡します。子どもが少しの時間でも，約束を守って動物とかかわっていた場合には，動物が喜んでいることを伝え，動物とのかかわり方をほめていきましょう。

17章　子どもの困った行動にどう対応したらよいか

Q 家庭で動物を飼育することは，発達障害のある子どもにとってどのような点がよいのでしょうか？

A 動物は子どもの好奇心を育て，楽しい気持ちにさせます。子どもが動物と一緒にいることによって，さわってみようという意欲が出たり，エサをやったりし始めます。このように子どもは目の前にいる動物を見ながら，自分ができることを試して学んでいきます。一般的に，発達障害のある子どもは自分から学ぶことが苦手です。動物を飼うことは，自分から何かをやってみようと考える自主性や好奇心を育てるといった学びの機会を子どもに与え，興味や関心を広げることに役立ちます。

Q 発達障害のある子どもがいる家庭では，どんな動物をどのように飼育すればよいのでしょうか？

A 子どもが幼児期であれば，雌のラブラドールがよいでしょう。このタイプの犬は気質がやさしく，少々つかまれたり踏まれたりしても丈夫で，子どものすばやい動きにもよく対応します。また，室内での排泄のしつけも雌ならば容易です。室内犬にすれば子どもが犬と接する機会が増えます。また，子どもにエサを与える係などの役割をもたせることによって，子どもの好奇心や関心を広げます。猫は幼児になつかないことがありますので，あまりおすすめできません。

18 手をひらひらさせたり，くるくる回る

| 何をしてよいのかがわからない。 | その場でしてもよい行動の選択肢を示そう。 |

実物や写真を使用して，今は何をして時間を過ごせばよいのかを子どもにわかるようにする。

　発達障害のある子どものなかには，同じ場所でくるくると回ったり，手のひらを顔の前でひらひらする行動をする子どもがいます。この行動を常同行動といいます。

　その場でくるくる回ったり，手のひらを顔の前でひらひらさせる行動が生じる原因の1つに，自由に過ごしてよい時間に，子どもが何をして過ごしてよいのかがわからないことがあります。この場合には，くるくる回る行動を無理に止めさせるのではなく，その場で何をしてよいのかがわかるようにします。たとえば，子どもが自由に過ごしてよい時間に，あらかじめ子どもの好きなおもちゃを2つか3つ用意しておき，子どもに遊びたいおもちゃを選ばせます。このようにすることによって，子どもは自由な時間をどう過ごせばよいのかがわかり，くるくると回る必要がなくなります。

17章 子どもの困った行動にどう対応したらよいか

先の見通しがもてずに不安になると、同じ場所をくるくる回る。

（小児科待合室）

いつまで待つのか、これから何があるのかを絵カードで示そう。

これから何があるのかがわかるようにすることで、先の見通しがもて不安が軽減される。

　いつまで順番を待つのかがわからない、これから何が起こるのかがわからないなど、先の見通しを待つことができないために、不安を感じることから、同じ場所でくるくると回る子どもがいます。

　これは、不安や緊張が高まったことが背景にあります。そのため、子どもの不安や緊張が軽減されれば、このような行動は落ち着きます。子どもが不安を感じて、くるくると回り始めたときには、これから行われることを示した絵カードやいつまで待てばよいのかがわかるような手がかりを子どもに見せてください。待ち時間が長い場合には、前のページに示したように子どもに何をして過ごすのかがわかるようにします。

第3部　子どもの問題への対応方法

| ほかの遊びの楽しさがわからない。 | ほかの遊びに誘い、子どもが楽しめるようにしよう。 |

感覚を刺激する感覚遊びなどを取り入れて、遊ぶことの楽しさを感じるようにしよう。

　くるくる回る行動は、自分で刺激をつくり、その刺激を楽しんでいるときにも生じます。子どもにとっては、自分でつくった刺激が心地よいので、何度もくり返します。このような原因で起こっている常同行動を、自己刺激行動ともよびます。この行動が起こる背景には、ほかの遊びの楽しさがわからないことが関係しています。このような場合には、ほかの遊びに誘い、自己刺激行動以外にも楽しい遊びがあることを子どもに経験させます。まずは、くすぐり合いや「一本橋こちょこちょ」などの感覚遊びが子どもにとって、楽しさがわかりやすいので、よいでしょう。

17章　子どもの困った行動にどう対応したらよいか

Q 子どもの友だちから「どうしてAちゃんは，いつもくるくる回っているの？」と聞かれたら，どのように答えればよいのでしょうか？

A まわりの友だちは，Aちゃん1人だけがなぜくるくる回る行動をしているのかがわかりません。たとえば，園庭で遊んでいるときに，1人だけくるくる回っているAちゃんの姿を見て，疑問を感じるのです。友だちからくるくる回っている理由を聞かれたときに，友だちの発言を否定したり，聞こえないふりをしてしまうことはよくありません。このような場合には「みんなに，好きな楽しい遊びがあるように，Aちゃんは，回ることが楽しいの」などと，子どもが回っている理由を教えてあげます。

Q 常同行動はやめさせたほうがよいのでしょうか？

A 前にも書きましたが，常同行動は，何をしてよいのかがわからず手持ちぶさたになっているときや，不安や緊張が高まっているときに現れます。常同行動をやめさせようとすると，パニックを起こす場合があります。

ほかの人に迷惑をかけたり，子どもに危険が生じたりするような場合には，その行動をやめさせなくてはなりません。その際には，あらかじめ子どもの好きな絵本やぬいぐるみ，おもちゃなどを用意し，気分が落ち着けるようにしましょう。

しかし，その行動をしていても，とくに問題がない場合にはやめさせずに見守っておきましょう。

編者

水野　智美　筑波大学
徳田　克己　筑波大学

執筆者〈執筆順，（　）は執筆担当箇所〉

徳田　克己（1・4・5章）編者
西村　実穂（2章1・2，17章1〜4・13・14）東洋大学
西舘　有沙（2章3・4，6・11・13章）富山大学
白石　晴香（3章）茨城県土浦市立斗利出小学校
坪見　利香（7章）浜松医科大学
田熊　　立（8・10章）千葉県発達障害者支援センター
大越　和美（9章，17章15・18）子ども支援研究所
安心院朗子（12章）目白大学
小川　圭子（14章）梅花女子大学
水野　智美（15・16章，17章5〜7・9・10・16）編者
仲本　美央（17章8）淑徳大学
吉岡　尚美（17章11・12）東海大学
今坂　修一（17章17）ふじおか動物病院

装丁：臼井弘志＋藤塚尚子（公和図書デザイン室）

「うちの子、ちょっとヘン？」発達障害・気になる子どもを上手に育てる17章
──親が変われば、子どもが変わる

2014年 2月20日　初版第1刷発行

編著者　　水野 智美・徳田 克己
発行者　　石井 昭男
発行所　　福村出版株式会社
〒113-0034　東京都文京区湯島2-14-11
電話　03-5812-9702　FAX　03-5812-9705
http://www.fukumura.co.jp

印刷・製本　シナノ印刷株式会社

©Tomomi Mizuno, Katsumi Tokuda　2014
Printed in Japan
ISBN978-4-571-12122-7
乱丁本・落丁本はお取替え致します。
定価はカバーに表示してあります。

福村出版◆好評図書

徳田克己・田熊 立・水野智美 編著
気になる子どもの保育ガイドブック
●はじめて発達障害のある子どもを担当する保育者のために
◎1,900円　ISBN978-4-571-12110-4　C1037

気になる子どもの入園前〜就学援助に至る保育と保護者支援を園内外との連携も含め具体的にわかりやすく解説。

水野智美・徳田克己 編著
保育者が自信をもって実践するための
気になる子どもの運動会・発表会の進め方
◎1,700円　ISBN978-4-571-11600-1　C1337

園行事に気になる子どもを参加させる際のポイントを、成功例・失敗例をまじえてわかりやすく具体的に解説。

西館有沙・徳田克己 著
保育者が自信をもって実践するための
困った保護者への対応ガイドブック
◎1,700円　ISBN978-4-571-11601-8　C1337

相談事例に基づき、保育者が保護者と良好な関係を築くために必要なノウハウを具体的にわかりやすく解説。

徳田克己 著
おすすめします！
育児の教科書『クレヨンしんちゃん』
●生きる力を育むマンガの読ませ方
◎1,400円　ISBN978-4-571-11026-9　C0037

子どもの育ちに良い影響を与えるマンガの効能と読ませ方を、心理学者が研究にもとづいてわかりやすく解説。

滝口俊子・渡邊明子・井上宏子・坂上頼子 編著
子 育 て 知 恵 袋
●子どもを健やかに育てるために
◎1,500円　ISBN978-4-571-11031-3　C0037

乳幼児・児童の保護者や保育者の様々な悩みに、保育カウンセラーや幼稚園園長など保育の専門家がアドバイス。

小川英彦 編著
気になる子どもと親への保育支援
●発達障害児に寄り添い心をかよわせて
◎2,300円　ISBN978-4-571-12116-6　C1037

保育者たちによる実践報告と親からのQ＆Aを多数掲載。発達障害児保育に悩む保育者と親のための1冊。

原 仁 著
子どもの臨床からみた発達障害と子育て事情
●発達障害専門医Dr.原の診察室の窓から
◎1,300円　ISBN978-4-571-12108-1　C1037

発達障害専門の小児科医が、発達障害の子どもたちの臨床を通して「発達障害」を分かりやすく解説。療育の書。

井原成男 著
子育てカウンセリング「育てなおし」の発達心理学
◎1,800円　ISBN978-4-571-23043-1　C0011

子ども心理カウンセラーが発達心理学の視点から臨床現場の経験をもとにアドバイス。「育てなおし」の子育て論。

小山 望・太田俊己・加藤和成・河合高鋭 編著
インクルーシブ保育っていいね
●一人ひとりが大切にされる保育をめざして
◎2,200円　ISBN978-4-571-12121-0　C3037

障がいのある・なしに関係なく、すべての子どものニーズに応えるインクルーシブ保育の考え方と実践を述べる。

◎価格は本体価格です。